INSTRUCTOR'S MANUAL WITH
SOLUTIONS MANUAL
PRINCIPLES OF
MACROECONOMICS 7E

第7版

曼昆《经济学原理：宏观经济学分册》习题解答

〔美〕萨拉·科斯格雷夫（Sarah Cosgrove）著

陈宇峰 黄永明 译

北京大学出版社
PEKING UNIVERSITY PRESS

著作权合同登记号　　图字:01 - 2017 - 1123

图书在版编目(CIP)数据

《经济学原理(第7版):宏观经济学分册》习题解答/(美)萨拉·科斯格雷夫(Sarah Cosgrove)著;陈宇峰,黄永明译. —北京:北京大学出版社,2017.4

ISBN 978 - 7 - 301 - 28229 - 8

Ⅰ. ①经… Ⅱ. ①萨… ②陈… ③黄… Ⅲ. ①宏观经济学—高等学校—题解 Ⅳ. ①F015 - 44

中国版本图书馆 CIP 数据核字(2017)第 057852 号

书　　　　名	《经济学原理(第7版):宏观经济学分册》习题解答
	《Jingjixue Yuanli(Di Qi Ban):Hongguan Jingjixue Fence》Xiti Jieda
著作责任者	〔美〕萨拉·科斯格雷夫　著　陈宇峰　黄永明　译
策 划 编 辑	张　燕
责 任 编 辑	兰　慧
标 准 书 号	ISBN 978 - 7 - 301 - 28229 - 8
出 版 发 行	北京大学出版社
地　　　　址	北京市海淀区成府路 205 号　100871
网　　　　址	http://www.pup.cn
电 子 信 箱	em@pup.cn　　　　QQ:552063295
新 浪 微 博	@北京大学出版社　@北京大学出版社经管图书
电　　　　话	邮购部 62752015　发行部 62750672　编辑部 62752926
印 刷 者	北京大学印刷厂
经 销 者	新华书店
	787 毫米×1092 毫米　16 开本　9.75 印张　243 千字
	2017 年 4 月第 1 版　2018 年 11 月第 4 次印刷
印　　　　数	22001—26000 册
定　　　　价	25.00 元

目　录

第 35 章

通货膨胀与失业之间的
短期权衡取舍

第 36 章

宏观经济政策的
六个争论问题

第 23 章
一国收入的衡量

学习目标

在本章中,学生应理解

- 为什么一个经济的总收入等于其总支出;
- 如何定义和计算国内生产总值(GDP);
- GDP 分为哪四个主要组成部分;
- 真实 GDP 与名义 GDP 之间的区别;
- GDP 是不是衡量经济福利的好指标。

内容与目的

第 23 章是本书宏观经济学部分的第一章。它也是向学生介绍经济学家用来监测宏观经济的两个至关重要的统计数据:国内生产总值(GDP)和消费物价指数(CPI)两章中的第一章。第 23 章提出经济学家如何衡量宏观经济中的产出和收入。第 24 章提出经济学家如何衡量宏观经济中的物价水平。从整体来看,第 23 章主要关注宏观经济中的产出数量,而第 24 章主要关注宏观经济中的产出价格。

本章的目的是让你了解 GDP 的衡量与使用。GDP 是宏观经济健康状况唯一的重要衡量指标。实际上,它是在每个发达经济体中最为广泛地报道的统计数字。

要点

1. 由于每一次交易都有买者和卖者,所以经济中的总支出必定等于经济中的总收入。
2. 国内生产总值(GDP)用来衡量经济用于新生产的物品和服务的总支出,以及生产这些物品和服务所赚到的总收入。更确切地说,GDP 是指在某一既定时期一个国家内生产的所有最终物品和服务的市场价值。

3. GDP 分为四个组成部分：消费、投资、政府购买和净出口。消费包括家庭用于物品和服务的支出，但不包括购买新住房的支出。投资包括用于新设备和建筑物的支出，也包括家庭购买新住房的支出。政府购买包括地方、州和联邦政府用于物品和服务的支出。净出口等于国内生产并销售到国外的物品和服务的价值(出口)减去国外生产并在国内销售的物品和服务的价值(进口)。

4. 名义 GDP 是用现期价格来计算经济中生产的物品和服务的价值。真实 GDP 是用不变的基年价格来计算经济中物品和服务的价值。GDP 平减指数——用名义 GDP 与真实 GDP 的比率计算——衡量经济中的物价水平。

5. GDP 是经济福利的一个良好衡量指标，因为人们对高收入的偏好大于低收入。但 GDP 并不是衡量福利的一个完美指标。例如，GDP 不包括闲暇的价值和清洁的环境的价值。

教材习题解答

即问即答

1. 国内生产总值衡量哪两件事情？它如何可以同时衡量这两件事情？

【解答】

国内生产总值同时衡量两件事情：(1) 经济中所有人的总收入；(2) 经济生产中最终物品和服务的总支出。它之所以能同时衡量这两件事情，是因为经济中所有的支出最终等于总收入。

2. 生产一磅汉堡包和生产一磅鱼子酱，哪一个对 GDP 的贡献更大？为什么？

【解答】

生产一磅鱼子酱对 GDP 的贡献大于生产一磅汉堡包，这是因为两者对 GDP 的贡献是以市场价格来衡量的。在市场上，一磅鱼子酱的价格高于一磅汉堡包的价格。

3. 列出支出的四个组成部分。哪一部分最大？

【解答】

支出的四个组成部分是：(1) 消费；(2) 投资；(3) 政府购买；(4) 净出口。最大的组成部分是消费，它占了总支出的70%以上。

4. 定义真实 GDP 与名义 GDP。哪一个是更好的经济福利衡量指标？为什么？

【解答】

真实 GDP 是指按不变价格衡量的物品和服务的价值。名义 GDP 是指按现期价格衡量的物品和服务的价值。真实 GDP 是一个更好的经济福利衡量指标,因为真实 GDP 的变化反映的是正在生产的产出数量。因此,真实 GDP 的增长意味着人们生产了更多的物品和提供了更多的服务,但是名义 GDP 的增长既有可能是产出的增长,也有可能是价格的上涨。

5. 为什么决策者应该关注 GDP?

【解答】

虽然 GDP 并不是衡量福利的完美指标,但决策者还是应该关注 GDP。这是因为更高的 GDP 意味着一个国家可以提供更好的医疗、教育体制以及更多的物质生活必需品。

复习题

1. 解释为什么一个经济的收入必定等于其支出。

【解答】

一个经济的收入必定等于支出,因为每一次交易都有买者和卖者。因此,买者的支出必定等于卖者的收入。

2. 生产一辆经济型轿车和生产一辆豪华型轿车,哪一个对 GDP 的贡献更大? 为什么?

【解答】

生产一辆豪华型轿车比生产一辆经济型轿车对 GDP 的贡献更大,因为豪华型轿车有更高的市场价格。

3. 一个农民以 2 美元的价格把小麦卖给面包师。面包师用小麦制成面包,以 3 美元的价格出售。这些交易对 GDP 的贡献是多少呢?

【解答】

对 GDP 的贡献是 3 美元,即作为最终物品出售的面包的市场价格。

4. 许多年以前,Peggy 为了收集唱片而花了 500 美元。今天她在旧货市场中把她收集的物品卖了 100 美元。这种销售如何影响现期 GDP?

【解答】

过去唱片的销售根本不会影响现期的 GDP,因为它没有涉及现期的生产。

5. 列出 GDP 的四个组成部分。各举一个例子。

【解答】

GDP 的四个组成部分:消费,如购买一张 DVD;投资,如企业采购一台电脑;政府购买,如一份军用飞机的订单;净出口,如美国小麦销售到俄罗斯(类似的例子还有很多)。

6. 为什么经济学家在判断经济福利时用真实 GDP，而不用名义 GDP？

【解答】

经济学家使用真实 GDP 而不是名义 GDP 去衡量经济福利是因为真实 GDP 不受价格变动的影响，它只反映现期产品的数量。而名义 GDP 的增长有可能是产品的增加、价格的提高引起的，或者两者兼而有之。

7. 在 2013 年，某个经济生产 100 个面包，每个以 2 美元的价格售出。在 2014 年，这个经济生产 200 个面包，每个以 3 美元的价格售出。计算每年的名义 GDP、真实 GDP 和 GDP 平减指数（以 2013 年为基年）。从一年到下一年这三个统计数字的百分比分别提高了多少？

【解答】

年份	名义 GDP	真实 GDP	GDP 平减指数
2013	100×2 美元＝200 美元	100×2 美元＝200 美元	（200 美元/200 美元）×100＝100
2014	200×3 美元＝600 美元	200×2 美元＝400 美元	（600 美元/400 美元）×100＝150

名义 GDP 的变化百分比是（600 － 200）/200 × 100%＝200%。真实 GDP 的变化百分比是（400 － 200）/200 × 100%＝100%。平减指数的变化百分比是（150 － 100）/100 × 100%＝50%。

8. 为什么一国的 GDP 增加是人们所希望的？举出一个增加了 GDP 但并不是人们所希望的事情的例子。

【解答】

希望一国的 GDP 增加是因为人们可以因此享受到更多的物品和服务。但 GDP 并不是衡量福利的唯一重要指标。例如，限制污染的法律会引起 GDP 的下降。如果限制污染的法律被废除，GDP 将会增加，但是污染会使人们的境况变差。或者，例如地震，由于清理、修复和重建的支出增加，GDP 将会增加，但是会降低我们的福利水平，并不是我们所希望的。

快速单选

1. 如果热狗的价格是 2 美元，而汉堡包的价格是 4 美元，那么，30 个热狗对 GDP 的贡献和____个汉堡包一样。

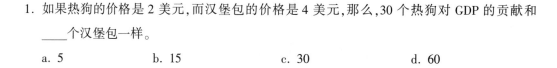

a. 5　　　　　b. 15　　　　　c. 30　　　　　d. 60

2. 牧羊农民 Angus 以 20 美元把羊毛卖给织毛衣者 Barnaby。Barnaby 织了两件毛衣，每件的市场价格为 40 美元。Collette 买了其中一件，另一件仍在 Barnaby 的商店货架上等待以后卖出。这里的 GDP 是多少？

a. 40 美元　　　　b. 60 美元　　　　c. 80 美元　　　　d. 100 美元

3. 以下哪一项没有计入美国的 GDP 中？

   a. 法国空军向美国的飞机制造商波音公司购买了一架飞机。

   b. 通用汽车在北卡罗来纳州建立了一个新汽车生产厂。

   c. 纽约市为一个警察支付工资。

   d. 联邦政府向一个美国老年人送去一张社会保障支票。

4. 一个美国人买了一双意大利制造的鞋。美国的国民收入核算如何处理这笔交易？

   a. 净出口和 GDP 都增加。　　　　　b. 净出口和 GDP 都减少。

   c. 净出口减少, GDP 不变。　　　　　d. 净出口不变, GDP 增加。

5. 以下哪一个是 GDP 的最大组成部分？

   a. 消费　　　　　b. 投资　　　　　c. 政府购买　　　　　d. 净出口

6. 如果所有产品的生产都增加了 10%, 且所有价格都下降了 10%, 会发生以下哪一种情况？

   a. 真实 GDP 增加 10%, 而名义 GDP 减少 10%。

   b. 真实 GDP 增加 10%, 而名义 GDP 不变。

   c. 真实 GDP 不变, 而名义 GDP 增加 10%。

   d. 真实 GDP 不变, 而名义 GDP 减少 10%。

【答案】　1. b　2. c　3. d　4. c　5. a　6. b

问题与应用

1. 下列每一种交易会影响 GDP 的哪一部分(如果有影响的话)？ 解释之。

   a. 家庭购买了一台新冰箱。

   b. 姑妈 Jane 买了一套新房子。

   c. 福特汽车公司从其存货中出售了一辆野马牌汽车。

   d. 你买了一个比萨饼。

   e. 加利福尼亚州重新铺设了 101 号高速公路。

   f. 你的父母购买了一瓶法国红酒。

   g. 本田公司扩大了其在俄亥俄州 Marysville 的工厂。

   【解答】

   a. 消费增加, 因为冰箱属于家庭消费。

   b. 投资增加, 因为房子属于投资物品。

   c. 消费增加, 因为汽车属于家庭消费, 但是投资下降了, 因为在福特汽车公司存货中当作投资的汽车被出售了。

d. 消费增加,因为比萨饼属于家庭消费。

e. 政府购买增加,因为政府花钱提供了更好的公共物品。

f. 消费增加,因为法国红酒属于家庭消费,但是净出口会下降,因为红酒属于进口。

g. 投资增加,因为工厂属于建筑和设备新建。

2. GDP组成部分中的"政府购买"并不包括用于社会保障这类转移支付的支出。想想GDP的定义,解释为什么转移支付不包括在政府购买之内?

【解答】

因为转移支付并没有生产任何物品,所以对GDP没有贡献。

3. 正如本章所说明的,GDP不包括再销售的二手货的价值。为什么包括这类交易会使GDP变为一个参考价值小的经济福利衡量指标?

【解答】

如果GDP包括再销售的物品,那么需要计算再销售年份的产出加上原先销售年份的产出,这样导致了重复计算。物品的重复计算会使GDP变成一个参考价值小的经济福利衡量指标,因为它高估了物品的价值。

4. 下表是牛奶和蜂蜜的一些数据:

年份	牛奶价格(美元)	牛奶产量(品脱)	蜂蜜价格(美元)	蜂蜜产量(品脱)
2013	1	100	2	50
2014	1	200	2	100
2015	2	200	4	100

a. 把2013年作为基年,计算每年的名义GDP、真实GDP和GDP平减指数。

b. 计算2014年和2015年从上一年以来名义GDP、真实GDP和GDP平减指数的变动百分比。对每一年,确定未发生变动的变量。解释为什么你的回答有意义。

c. 在2014年和2015年,经济福利增加了吗?解释之。

【解答】

a. 名义GDP:

2013:(1美元/品脱×100品脱牛奶)+(2美元/品脱×50品脱蜂蜜)=200美元

2014:(1美元/品脱×200品脱牛奶)+(2美元/品脱×100品脱蜂蜜)=400美元

2015:(2美元/品脱×200品脱牛奶)+(4美元/品脱×100品脱蜂蜜)=800美元

真实GDP(以2013年作为基年):

2013:(1美元/品脱×100品脱牛奶)+(2美元/品脱×50品脱蜂蜜)=200美元

2014：（1 美元/品脱×200 品脱牛奶）+（2 美元/品脱×100 品脱蜂蜜）=400 美元

2015：（1 美元/品脱×200 品脱牛奶）+（2 美元/品脱×100 品脱蜂蜜）=400 美元

GDP 平减指数：

2013：（200 美元/200 美元）×100 = 100

2014：（400 美元/400 美元）×100 = 100

2015：（800 美元/400 美元）×100 = 200

b. 名义 GDP 变动百分比：

2014 年名义 GDP 变动百分比 =［（400 美元 – 200 美元）/200 美元］×100% = 100%

2015 年名义 GDP 变动百分比 =［（800 美元 – 400 美元）/400 美元］×100% = 100%

真实 GDP 变动百分比：

2014 年真实 GDP 变动百分比 =［（400 美元 – 200 美元）/200 美元］×100% = 100%

2015 年真实 GDP 变动百分比 =［（400 美元 – 400 美元）/400 美元］×100% = 0%

GDP 平减指数变动百分比：

2014 年 GDP 平减指数变动百分比 =［（100 – 100）/100］×100% = 0%

2015 年 GDP 平减指数变动百分比 =［（200 – 100）/100］×100% = 100%

价格从 2013 年到 2014 年没有发生变化，所以 2014 年的 GDP 平减指数变动百分比是 0。同样，产出水平从 2014 年到 2015 年没有发生变化，这意味着 2015 年真实 GDP 的变动百分比为 0。

c. 2014 年的经济福利比 2015 年高，因为 2014 年真实 GDP 增加了，而 2015 年没有。在 2014 年，真实 GDP 增加了而价格没有上升；在 2015 年，真实 GDP 没有增加，但是价格却上升了。

5. 考虑一个只生产巧克力棒的经济。在第一年，生产量是 3 条巧克力棒，价格是 4 美元。在第二年，生产量是 4 条巧克力棒，价格是 5 美元。在第三年，生产量是 5 条巧克力棒，价格是 6 美元。以第一年为基年。

a. 这三年每年的名义 GDP 是多少？

b. 这三年每年的真实 GDP 是多少？

c. 这三年每年的 GDP 平减指数是多少？

d. 从第二年到第三年，真实 GDP 的增长率是多少？

e. 从第二年到第三年，用 GDP 平减指数衡量的通货膨胀率是多少？

f. 在这种只有一种产品的经济中，当没有前面（b）与（c）题的答案时，你应该如何回答（d）与（e）题？

【解答】

a. 名义 GDP：

第一年:3 条 ×4 美元 =12 美元

第二年:4 条 ×5 美元 =20 美元

第三年:5 条 ×6 美元 =30 美元

b. 真实 GDP：

第一年:3 条 ×4 美元 =12 美元

第二年:4 条 ×4 美元 =16 美元

第三年:5 条 ×4 美元 =20 美元

c. GDP 平减指数：

第一年:12 美元/12 美元 ×100 =100

第二年:20 美元/16 美元 ×100 =125

第三年:30 美元/20 美元 ×100 =150

d. 第二年到第三年真实 GDP 的增长率 =(20 − 16)/16 ×100% =25%

e. 第二年到第三年用 GDP 平减指数衡量的通货膨胀率 =(150 − 125)/125 ×100% =20%

f. 真实 GDP 的增长率可以通过计算巧克力棒数量变化的百分比得出,GDP 平减指数衡量的通货膨胀率可以通过计算巧克力棒价格变动的百分比得出。

6. 考虑美国 GDP 的以下数据:

年份	名义 GDP(10 亿美元)	GDP 平减指数(基年:2005)
2012	15 676	115.4
2002	10 642	92.2

a. 2002 年到 2012 年间,名义 GDP 的增长率是多少? (提示:x 变量在第 N 年中的增长率用 $100 \times [(x_{最后一年}/x_{开始一年})^{1/N} − 1]$ 来计算。)

b. 2002 年到 2012 年间,GDP 平减指数的增长率是多少?

c. 按 2005 年的价格衡量,2002 年的真实 GDP 是多少?

d. 按 2005 年的价格衡量,2012 年的真实 GDP 是多少?

e. 2002 年到 2012 年间,真实 GDP 的增长率是多少?

f. 名义 GDP 的增长率高于还是低于真实 GDP 的增长率? 解释原因。

【解答】

a. 名义 GDP 增长率 $=100 \times [(15\,676\ 美元/10\,642\ 美元)^{0.10} − 1] =3.9\%$

b. GDP 平减指数增长率 $=100 \times [(115.4/92.2)^{0.10} − 1] =2.3\%$

c. 2002 年真实 GDP(按 2005 年价格衡量) $=10\,642\ 美元/(92.2/100) =11\,542.3\ 美元$

d. 2012 年真实 GDP(按 2005 年价格衡量) = 15 676 美元/(115.4/100) = 13 584.06 美元

e. 2002 年到 2012 年真实 GDP 增长率 = 100 × [(13 584.06 美元/11 542.30 美元)$^{0.10}$ − 1]
   = 1.6%

f. 名义 GDP 增长率高于真实 GDP 增长率,因为通货膨胀。

7. 经过修改的美国 GDP 的估算值通常在接近每个月月底时由政府公布。查找报道最新公布数据的报纸文章,或者在美国经济分析局的网站 http://www.bea.gov 上阅读新闻。讨论真实 GDP、名义 GDP 以及 GDP 各组成部分的最新变动。

【解答】 略。

8. 一个农民种小麦,她以 100 美元把小麦卖给磨坊主。磨坊主又把小麦加工成面粉,并将其以 150 美元卖给面包师。面包师把面粉做成面包,再以 180 美元卖给消费者。消费者吃了这些面包。

   a. 在这个经济中,GDP 是多少? 解释原因。

   b. 增加值的定义是生产者生产的产品的价值减生产者购买的用于生产产品的中间物品的价值。假设在以上所描述的之外再没有中间物品,计算这三个生产者每个的增加值。

   c. 在这个经济中,三个生产者的总增加值是多少? 如何与经济的 GDP 相比? 这个例子提出了计算 GDP 的另一种方法吗?

【解答】

   a. GDP 是最终物品出售的市场价值,所以是 180 美元。

   b. 农民的增加值:100 美元

      磨坊主的增加值:150 美元 − 100 美元 = 50 美元

      面包师的增加值:180 美元 − 150 美元 = 30 美元

   c. 三个生产者的总增加值是 100 美元 + 50 美元 + 30 美元 = 180 美元。这是 GDP 的价值。这个例子揭示了 GDP 可以通过所有生产者增加值的加总来计算。

9. 不在市场上销售的物品与服务,例如家庭生产并消费的食物,一般不包括在 GDP 中。你认为在比较美国和印度的经济福利时,表 23-3 中第二栏的数字会引起误导吗? 解释原因。

【解答】

在像印度这样的国家,人们在家里生产和消费、不计算在 GDP 内的食物比美国多。因此,印度和美国在人均 GDP 上的差别将大于它们在经济福利上的差别。

10. 自从 1970 年以来,美国的劳动力中妇女参工率急剧上升。

   a. 你认为这种上升会如何影响 GDP?

b. 现在设想一种包括用于家务的劳动时间和闲暇时间的福利衡量指标。应该如何比较这种福利衡量指标的变动和 GDP 的变动？

c. 你会认为福利的其他方面与妇女劳动力参工率的提高相关吗？构建一个包括这些方面的福利衡量指标现实吗？

【解答】

a. 在美国，妇女参工率的上升增加了 GDP，因为这意味着更多人参加工作并生产更多物品。

b. 如果我们衡量的福利中包括用于家务的劳动时间和闲暇时间，将不会导致 GDP 的增加。因为妇女参工率的上升减少用于家务的劳动时间和闲暇时间。

c. 与妇女参工率上升相关的其他方面的福利包括妇女在劳动力市场中自尊和声望的提高，特别是在管理岗位。但是这会减少父母与孩子的相处时间，所以这个方面比较难以衡量。

11. 一天 Barry 理发公司得到 400 美元理发收入。在这一天，其设备折旧价值为 50 美元。在其余的 350 美元中，Barry 向政府缴纳了 30 美元销售税，作为工资拿回家 220 美元，留 100 美元在公司以在未来增加设备。在他拿回家的 220 美元中，他缴纳了 70 美元的所得税。根据这些信息，计算 Barry 对以下收入衡量指标的贡献：

a. 国内生产总值

b. 国民生产净值

c. 国民收入

d. 个人收入

e. 个人可支配收入

【解答】

a. 国内生产总值等于 Barry 所获得的全部收入，即 400 美元。

b. 国民生产总值 = 国内生产总值 – 折旧价值 = 400 美元 – 50 美元 = 350 美元。

c. 国民收入 = 国民生产总值 = 350 美元。

d. 个人收入 = 国民收入 – 留存收益 – 间接企业税 = 350 美元 – 100 美元 – 30 美元 = 220 美元。

e. 个人可支配收入 = 个人收入 – 个人所得税 = 220 美元 – 70 美元 = 150 美元。

第 24 章
生活费用的衡量

学习目标

在本章中,学生应理解

- 如何编制消费物价指数(CPI);
- 为什么 CPI 并不是生活费用的完美衡量指标;
- 如何比较作为物价总水平衡量指标的 CPI 与 GDP 平减指数;
- 如何用价格指数来比较不同时期的美元数字;
- 真实利率与名义利率之间的区别。

内容与目的

第 24 章是论述经济学家如何衡量宏观经济中产量和物价的两章中的第二章。第 23 章论述经济学家如何衡量产量。第 24 章论述经济学家如何衡量宏观经济中的物价总水平。

第 24 章的目的是双重的:第一,告诉学生如何编制物价指数;第二,告诉他们如何运用物价指数比较不同时间点的美元数字和根据通货膨胀调整利率。此外,学生还将知道把消费物价指数作为生活费用衡量指标的一些缺点。

要点

1. 消费物价指数表示相对于基年一篮子物品与服务的费用,这一篮子物品与服务的费用是多少。这个指数用于衡量经济的物价总水平。消费物价指数变动的百分比可用于衡量通货膨胀率。

2. 由于三个原因,消费物价指数并不是生活费用的一个完美衡量指标。第一,它没有考虑到,随着时间的推移,消费者用变得较便宜的物品替代原有物品的能力。第二,它没有考虑到因新物品的引进而使 1 美元的购买力提高。第三,这个指数因没有衡量物品与服务质量的变动而被扭曲。由于这些衡量问题,消费物价指数高估了真实的通货膨胀水平。

3. 与消费物价指数一样,GDP平减指数也衡量经济的物价总水平。这两个物价指数通常同时变动,但是它们有着重大差别。GDP平减指数不同于消费物价指数,是因为它涵盖生产出来的物品与服务,而不是用于消费的物品与服务。因此,进口物品影响消费物价指数,但不影响GDP平减指数。此外,消费物价指数用固定的一篮子物品,而GDP平减指数一直随着GDP构成的变动而自动地改变物品与服务的组合。

4. 不同时间的美元数字并不代表购买力的真实差别。为了比较过去与现在的美元数字,过去的数字应该用物价指数进行调整。

5. 各种法律和私人合同用物价指数来校正通货膨胀的影响。但是,税法只是部分地对通货膨胀实行了指数化。

6. 当考察利率数据时,对通货膨胀的校正特别重要。名义利率是通常所公布的利率,它是储蓄账户上随着时间推移而增加的美元量的比率。与此相反,真实利率考虑到美元价值随着时间的推移而发生的变动。真实利率等于名义利率减通货膨胀率。

教材习题解答

即问即答

1. 简单解释CPI衡量什么以及如何编制。指出CPI是生活费用的一个不完美衡量指标的原因。

【解答】

消费物价指数衡量的是一个典型的消费者所购买的物品和服务的总成本。它是通过调查消费者来确定典型消费者所购买的一篮子物品和服务来构建的。这些物品和服务的价格用来计算不同时间的一篮子物品和服务的价格。基年价格就是这样被选定的。为了计算指数,我们用现期年份的市场篮子费用除以基年的市场篮子费用,然后乘以100。

消费物价指数并不是衡量生活费用的一个完美指标,因为(1)替代偏向;(2)新物品的引进;(3)无法衡量的质量变动。

2. 1914年,亨利·福特(Henry Ford)向他的工人支付一天5美元的工资。如果1914年消费物价指数是10,而2012年是230,按2012年美元计算,福特支付的工资值多少?

【解答】

既然1914年消费物价指数是10时,亨利·福特向他的工人支付一天5美元的工资,那么当2012年消费物价指数为230时,福特支付给工人的工资值为:5美元×230/10=115美元/天。

复习题

1. 你认为下列哪一项对消费物价指数影响大:鸡肉价格上升 10%,还是鱼子酱价格上升 10%? 为什么?

   【解答】

   鸡肉价格上升 10% 对消费物价指数的影响大于鱼子酱价格上升 10% 的影响。这是因为鸡肉在普通消费者的市场篮子里占了很大的部分。

2. 陈述使消费物价指数成为生活费用的一个不完美衡量指标的三个问题。

   【解答】

   消费物价指数衡量生活费用的三个问题:(1) 替代偏向。这是由于人们倾向于用那些变得相对不太昂贵的商品来替代引起的。(2) 新物品的引进。这并没有快速反映在消费物价指数中。(3) 无法衡量的质量变动。

3. 如果进口的法国红酒价格上升了,对消费物价指数影响大,还是对 GDP 平减指数影响大? 为什么?

   【解答】

   如果进口的法国红酒价格上升了,对消费物价指数只会产生微小的影响,这是因为酒类饮料在消费物价指数篮子中仅占到 1%。但是对 GDP 价格指数根本不会产生影响,这是因为进口的法国红酒没有在国内生产,它并不包括在 GDP 中。

4. 在长期中,糖果的价格从 0.2 美元上升到 1.2 美元。在同一时期中,消费物价指数从 150 上升到 300。根据整体通货膨胀进行调整后,糖果的价格变动了多少?

   【解答】

   因为整体的消费物价指数变为原来的 2 倍,而糖果价格是原来的 6 倍,因此糖的实际价格(由于通货膨胀的价格调整)增长了 3 倍。

5. 解释名义利率和真实利率的含义。它们如何相关?

   【解答】

   名义利率是美元贷款的利率。真实利率是根据通货膨胀校正的利率。真实利率等于名义利率减去通货膨胀率。

快速单选

1. 消费物价指数可与____近似地衡量相同的经济现象。
   a. 名义 GDP   b. 真实 GDP   c. GDP 平减指数   d. 失业率

2. 用于计算 CPI 的一篮子物品与服务中最大的组成部分是____。
   a. 食物和饮料   b. 住房   c. 医疗   d. 服装

3. 如果宾西法尼亚州的枪支生产商提高了他们卖给美国军队的步枪的价格,则它的价格上升会____。
   a. 提高 CPI 和 GDP 平减指数   b. CPI 和 GDP 平减指数都不提高
   c. CPI 上升,但 GDP 平减指数不上升   d. GDP 平减指数上升,但 CPI 不上升

4. 由于消费者可以用便宜的物品替代价格上升的物品,因而____。
   a. CPI 高估了通货膨胀   b. CPI 低估了通货膨胀
   c. GDP 平减指数高估了通货膨胀   d. GDP 平减指数低估了通货膨胀

5. 如果 1980 年的消费物价指数是 200,而今天的是 300,那么,1980 年的 600 美元和今天的____美元购买力相同。
   a. 400   b. 500   c. 700   d. 900

6. 你在你的储蓄账户上存入 2000 美元,一年后你得到 2100 美元,同时,消费物价指数从 200 上升到 204。在这种情况下,名义利率是____,而真实利率是____。
   a. 1% ,5%   b. 3% ,5%   c. 5% ,1%   d. 5% ,3%

【答案】 1. c   2. b   3. d   4. a   5. d   6. d

问题与应用

1. 假设在你出生的那一年,有人为迎接你的出生买了 100 美元的物品与服务。你猜猜今天买等量的物品与服务要花多少钱? 现在寻找消费物价指数的数据,并根据这些数据进行计算。(你可以在 http://www.bls.gov/data/inflation_calculator.htm 上找出劳工统计局的通货膨胀计算器。)

【解答】

根据不同出生年份答案不同。学生应当用出生年份的消费物价指数乘以 100 美元,然后除以 100。

2. 假设一个素食国家的居民把他们的全部收入用于购买菜花、西兰花和胡萝卜。在2013年，他们用200美元买了100个菜花，75美元买了50个西兰花，50美元买了500个胡萝卜。在2014年，他们用225美元买了75个菜花，120美元买了80个西兰花，100美元买了500个胡萝卜。

a. 计算每年每种蔬菜的单位价格。

b. 把2013年作为基年，计算每年的CPI。

c. 2014年的通货膨胀率是多少？

【解答】

a. 每年每种商品单位价格如下：

年份	菜花	西兰花	胡萝卜
2013	2美元	1.5美元	0.1美元
2014	3美元	1.5美元	0.2美元

b. 如果把2013年当作基年，CPI市场篮子包括100个菜花、50个西兰花和500个胡萝卜，则我们可以计算出每年的市场篮子费用：

2013：(100×2美元) + (50×1.5美元) + (500×0.1美元) = 325美元

2014：(100×3美元) + (50×1.5美元) + (500×0.2美元) = 475美元

然后，以2013年为基年，我们可以计算出每年的CPI：

2013：325美元/325美元×100 = 100

2014：475美元/325美元×100 = 146

c. 我们可以使用CPI计算2014年的通货膨胀率：

(146 − 100)/100 × 100% = 46%

3. 假设人们只消费三种物品，如下表所示：

	网球	高尔夫球	"佳得乐"饮料
2014年价格	2美元	4美元	1美元
2014年数量	100	100	200
2015年价格	2美元	6美元	2美元
2015年数量	100	100	200

a. 这三种物品每一种价格变动的百分比是多少？

b. 用类似于消费物价指数的方法，计算整个物价水平变动的百分比。

c. 如果你知道从2014年到2015年"佳得乐"饮料的容量增加了，这个信息会影响你对通货膨胀率的计算吗？如果影响的话，怎样影响？

d. 如果你知道在 2015 年"佳得乐"饮料引进了新口味,这个信息会影响你对通货膨胀率的计算吗? 如果影响的话,怎样影响?

【解答】

a. 网球价格的变动百分比是(2 美元 – 2 美元)/2 美元×100% = 0%。

高尔夫球价格的变动百分比是(6 美元 – 4 美元)/4 美元×100% = 50%。

"佳得乐"饮料价格的变动百分比是(2 美元 – 1 美元)/1 美元×100% = 100%。

b. 2014 年市场篮子费用是(100×2 美元) + (100×4 美元) + (200×1 美元) = 800 美元。

2015 年市场篮子费用是(100×2 美元) + (100×6 美元) + (200×2 美元) = 1 200 美元。

以 2014 年为基年,我们可以计算出每年的 CPI:

2014 = (800 美元/800 美元) ×100 = 100

2015 = (1 200 美元/800 美元) ×100 = 150

我们可以用 CPI 权重来计算整个物价水平变动的百分比:

(150 – 100)/100 ×100 = 50%

c. 这会降低我们对通货膨胀率的估计,因为每瓶"佳得乐"饮料在 CPI 中的权重变大了。这种比较应该建立在每盎司的基础上。

d. 更多口味会提高消费者的福利。因此,应当考虑到"佳得乐"饮料的数量变动也会降低我们对通货膨胀率的估计。

4. 登录劳工统计局的网站(http://www.bls.gov),并找出消费物价指数。包括所有东西的指数在过去一年上升了多少? 哪一个支出类别的物价上升得最快? 哪一个最慢? 哪些类别经历了物价下降? 你能解释这些事实吗?

【解答】 略。

5. 一个十个人的小国很喜欢电视上播出的节目《美国偶像》。他们都生产并消费卡拉 OK 机和 CD,如下表所示:

年份	卡拉 OK 机		CD	
	数量	价格	数量	价格
2014	10	40 美元	30	10 美元
2015	12	60 美元	50	12 美元

a. 用类似于消费物价指数的方法,计算物价总水平变动的百分比。把 2014 年作为基年,而且固定的一篮子是 1 台卡拉 OK 机和 3 张 CD。

b. 用类似于 GDP 平减指数的方法,计算物价总水平变动的百分比。也把 2014 年作为基年。

c. 用两种方法计算的 2015 年通货膨胀率相同吗？解释原因。

【解答】

a. 2014 年市场篮子费用是$(1 \times 40$ 美元$) + (3 \times 10$ 美元$) = 70$ 美元。

2015 年市场篮子费用是$(1 \times 60$ 美元$) + (3 \times 12$ 美元$) = 96$ 美元。

以 2014 年基年，我们可以计算每年的 CPI：

2014：70 美元/70 美元 $\times 100 = 100$

2015：96 美元/70 美元 $\times 100 = 137.14$

我们可以用 CPI 计算 2015 年的通货膨胀率：

$(137.14 - 100)/100 \times 100\% = 37.14\%$

b. 2014 年名义 GDP $= (10 \times 40$ 美元$) + (30 \times 10$ 美元$) = 400$ 美元 $+ 300$ 美元 $= 700$ 美元。

2015 年名义 GDP $= (12 \times 60$ 美元$) + (50 \times 12$ 美元$) = 720$ 美元 $+ 600$ 美元 $= 1\,320$ 美元。

2014 年真实 GDP $= (10 \times 40$ 美元$) + (30 \times 10$ 美元$) = 400$ 美元 $+ 300$ 美元 $= 700$ 美元。

2015 年真实 GDP $= (12 \times 40$ 美元$) + (50 \times 10$ 美元$) = 480$ 美元 $+ 500$ 美元 $= 980$ 美元。

2014 年 GDP 平减指数 $= (700$ 美元/700 美元$) \times 100 = 100$。

2015 年 GDP 平减指数 $= (1\,320$ 美元/980 美元$) \times 100 = 134.69$。

2015 年通货膨胀率 $= (134.69 - 100)/100 \times 100\% = 34.69\%$。

c. 不，两者不一样。用 CPI 计算的通货膨胀率使用固定的一篮子物品和服务，而用 GDP 平减指数计算的通货膨胀率允许物品和服务的变动而保持价格不变。

6. 用以下每一种情况说明在编制 CPI 中会出现什么问题。解释原因。

a. 手机的发明。

b. 汽车气囊的引进。

c. 个人电脑价格下降致使购买量增加。

d. 每包早餐麦片的分量增加。

e. 在汽油价格上升后更多地使用节油型车。

【解答】

a. 新物品的引进；

b. 无法衡量的质量变动；

c. 替代偏向；

d. 无法衡量的质量变动；

e. 替代偏向。

7. 在 1970 年每份《纽约时报》是 0.15 美元,而 2011 年是 2 美元。在 1970 年制造业平均工资是每小时 3.36 美元,2011 年是 23.09 美元。

   a. 报纸价格上升的百分比是多少?

   b. 工资上升的百分比是多少?

   c. 在这两个年份中,工人分别工作多少分钟赚的钱够买一份报纸?

   d. 从买报纸来看,工人的购买力上升了,还是下降了?

   【解答】

   a. (2.00 美元 – 0.15 美元)/0.15 美元 × 100% = 1 233%。

   b. (23.09 美元 – 3.36 美元)/3.36 美元 × 100% = 587%。

   c. 1970 年:0.15 美元/(3.36 美元/60) = 2.7 分钟。2011 年:2.00 美元/(23.09 美元/60) = 5.2 分钟。

   d. 从买报纸来看,工人的购买力下降了。

8. 本章说明了尽管大多数经济学家认为 CPI 高估了实际的通货膨胀,但每年的社会保障补助仍然与 CPI 同比例增加。

   a. 如果老年人和其他人消费同样的市场物品与服务篮子,社会保障会使老年人的生活水平每年都有提高吗? 解释之。

   b. 实际上,老年人消费的医疗比年轻人多,而且医疗费用的增加快于整体通货膨胀。你根据什么确定老年人的实际状况是否一年比一年好?

   【解答】

   a. 如果老年人和其他人消费同样的市场篮子,社会保障会使老年人的生活水平每年都提高。这是因为 CPI 高估了通货膨胀率,而社会保障补助与 CPI 同比例增加。

   b. 因为老年人消费的医疗比年轻人多,而且医疗费用的增长快于整体通货膨胀,因此老年人的状况可能会变差。为了调查这个,你需要把在医疗保障中本该占更高比重的老年人市场篮子放在一块,然后根据 CPI 比较老年人市场篮子费用与总体市场篮子费用的上升。

9. 假设债务人和债权人一致同意按名义利率来支付贷款。结果通货膨胀高于他们双方的预期。

   a. 这笔贷款的真实利率高于还是低于预期的水平?

   b. 债权人从这种未预期到的高通货膨胀中获益还是受损? 债务人获益还是受损?

   c. 20 世纪 70 年代的通货膨胀比这十年开始时大多数人预期的通货膨胀要高得多。这会如何影响那些在 20 世纪 60 年代期间得到固定利率住房抵押贷款的房主? 这会如何影响发放贷款的银行?

【解答】

a. 当通货膨胀率高于预期时,真实利率低于预期的水平。例如,假定市场均衡预期实际利率为 3%,而通货膨胀率预期为 4%,则名义利率为 7%。如果通货膨胀率变为 5%,则实际利率为 7% 减去 5%,等于 2%,这比所预期的 3% 要低。

b. 因为实际利率低于预期,因此债权人受损,债务人获益。债务人偿还美元借款低于预期还款。

c. 20 世纪 60 年代有固定利率住房抵押贷款的房主在 20 世纪 70 年代受益,而发放住房抵押贷款的银行受损。

第 25 章
生产与增长

学习目标

在本章中,学生应理解

- 世界各国的经济增长差别有多大;
- 为什么生产率是一国生活水平的关键决定因素;
- 决定一国生产率的各种因素;
- 一国的政策是如何影响其生产率增长的。

内容与目的

第 25 章是有关长期中生产与增长的四章中的第一章。第 25 章论述生产与增长率的决定因素。我们发现,劳动和资本是生产的主要决定因素。在第 26 章中,我们将论述储蓄和资本品投资如何影响生产。在第 27 章中,我们将了解人们和企业在选择投资的资本项目时所使用的一些工具。在第 28 章中,我们将论述劳动市场。

第 25 章的目的是考察人均真实 GDP 水平和增长率的长期决定因素。按照这个思路,我们将发现决定工人生产率的因素,并论述政府应该如何提高其公民的生产率。

要点

1. 按人均 GDP 衡量的经济繁荣在世界各国差别很大。世界上最富裕国家的平均收入是最贫穷国家的十倍以上。由于真实 GDP 增长率差别也很大,所以各国的相对地位一直在急剧变动。

2. 一个经济的生活水平取决于该经济生产物品与服务的能力。生产率又取决于物质资本、人力资本、自然资源和工人所得到的技术知识。

3. 政府政策能以许多方式来影响经济的增长率:鼓励储蓄和投资、鼓励来自国外的投资、促进教育、促进健康、维护产权与政治稳定、允许自由贸易以及促进新技术的研究与开发。

4. 资本积累收益递减的限制:一个经济拥有的资本越多,该经济从新增加的一个单位资本中得到的产量的增加就越少。结果,尽管高储蓄会引起一定时期内的高增长,但是随着资本、生产率和收入的增加,增长最终会放慢。由于收益递减,穷国资本的收益特别高。在其他条件相同时,由于追赶效应这些国家可以增长得更快。

5. 人口增长对经济增长有多种影响。一方面,更加迅速的人口增长会使自然资源供给紧张和每个工人可以得到的资本量减少而降低生产率。另一方面,更多的人口也可以提高技术进步的速度,因为会有更多的科学家和工程师。

教材习题解答

即问即答

1. 美国人均真实 GDP 的长期年均增长率约为多少?举出比其增长快的一个国家和比其增长慢的一个国家。

【解答】

从 1870 年到 2010 年,美国人均真实 GDP 的长期年均增长率为 1.77(依据表 25-1)。比美国增长快的国家包括日本、巴西、墨西哥、中国、德国和加拿大;比美国增长慢的国家包括阿根廷、印度、英国、印度尼西亚、巴基斯坦和孟加拉国。

2. 列出并说明一国生产率的四个决定因素。

【解答】

一国生产率的四个决定因素:(1) 物质资本,用于生产物品和服务的设备与建筑物存量;(2) 人力资本,工人通过教育、培训及经验而获得的知识和技能;(3) 自然资源,自然界提供的生产投入,如土地、河流和矿藏;(4) 技术知识,社会所了解的生产物品和服务的最好方法。

3. 描述政府决策者可以努力提高社会生活水平的三种方式。这些政策有什么缺点吗?

【解答】

政府决策者可以努力提高社会生活水平的三种方式包括:(1) 把更多的现期资源投资于资本的生产。缺点:这会减少用于现期消费的资源。(2) 鼓励国外投资。缺点:一些投资收益将会流向外国人。(3) 增加教育投资。缺点:增加了未参加现期生产的学生的机会成本。(4) 保护产权和促进政治稳定。缺点:增加了执行成本。(5) 实行外向型政策鼓励自由贸易。缺点:使一个国家更加依赖其贸易伙伴。(6) 降低人口增长率。缺点:这会减少个人自由和降低技术进步率。(7) 鼓励研究与开发。缺点:如同投资一样,这会减少现期消费。

复习题

1. 一国的 GDP 水平衡量什么? GDP 的增长率衡量什么? 你是愿意生活在一个高 GDP 水平而增长率低的国家,还是愿意生活在一个低 GDP 水平而增长率高的国家?

   【解答】

   一国的 GDP 水平衡量包括经济中赚到的总收入与在物品和服务上的总支出。真实的 GDP 水平是经济繁荣的一个良好判断标准。真实的 GDP 增长率是经济进步的一个良好判断标准。你将宁愿生活在一个高 GDP 水平而增长率低的国家,而不是一个低 GDP 水平而增长率高的国家,因为 GDP 水平是经济繁荣的衡量标准。

2. 列出并说明生产率的四个决定因素。

   【解答】

   决定生产率的四个决定因素:(1) 物质资本,用于生产物品和服务的设备与建筑物存量;(2) 人力资本,工人通过教育、培训及经验而获得的知识和技能;(3) 自然资源,自然界提供的生产投入,如土地、河流和矿藏;(4) 技术知识,社会所了解的生产物品和服务的最好方法。

3. 大学学位是哪一种形式的资本?

   【解答】

   大学学位是人力资本。大学学位的技能获得提高了工人的生产率。

4. 解释高储蓄率如何带来高生活水平。什么因素会阻碍决策者努力提高储蓄率?

   【解答】

   高储蓄率意味着更少的资源用于消费而更多的资源用于生产资本产品。资本存量的增加会引起生产率的提高和 GDP 的暂时更快增长。在长期中,高储蓄率会提高生活水平。决策者应当阻止提高储蓄率,因为这样做会使得人们减少他们今天的消费,从而使得生活水平的提高需要更长的时间。

5. 高储蓄率引起暂时的高增长还是永远的高增长?

   【解答】

   高储蓄率引起暂时的高增长,而不是长期的。在短期中,提高储蓄率会增加资本存量并引起高增长。但是,随着增长的持续,资本收益递减意味着增长的缓慢下降和最终会回到初始增长率,虽然这也许需要几十年的时间。

6. 为什么取消关税这类贸易限制会引起更快的经济增长？

   【解答】

   取消贸易限制(例如关税)会引起更快的经济增长,这是因为取消贸易限制就如同技术进步。自由贸易使得所有国家能消费到更多的物品和服务。

7. 人口增长率如何影响人均 GDP 的水平？

   【解答】

   人口增长率越高,人均 GDP 水平越低;这是因为人均资本越少,生产率越低。

8. 说明美国政府努力鼓励技术知识进步的两种方法。

   【解答】

   美国政府努力鼓励技术知识进步的方法:(1) 为美国国家科学基金会和国家卫生研究院提供研究资金并对从事研究和开发的企业减税;(2) 专利制度。

快速单选

1. 在过去一个世纪中,美国真实人均 GDP 的增长率约为每年____% ,这就意味着每____年翻一番。

   a. 2,14　　　　　b. 2,35　　　　　c. 5,14　　　　　d. 5,35

2. 世界上最富裕的国家(如日本和德国)的人均收入是世界上最穷的国家(如巴基斯坦和印度)的____倍。

   a. 3　　　　　b. 6　　　　　c. 12　　　　　d. 36

3. 大多数经济学家____自然资源最终会限制经济增长。作为证据,他们注意到,大多数自然资源的价格在根据整体通货膨胀调整之后倾向于____。

   a. 相信,上升　　　　　　　　b. 相信,下降

   c. 不相信,上升　　　　　　　d. 不相信,下降

4. 由于资本往往会收益递减,所以,高储蓄和投资并不会引起更高的____。

   a. 长期收入　　　　　　　　b. 短期收入

   c. 长期增长　　　　　　　　d. 短期增长

5. 当日本汽车制造商丰田扩建其在美国的一个汽车厂时,这个事件对美国的 GDP 和 GNP 会有什么影响？

   a. GDP 增加,而 GNP 减少。　　　　b. GNP 增加,而 GDP 减少。

   c. GDP 的增加大于 GNP 的增加。　　d. GNP 的增加大于 GDP 的增加。

6. 托马斯·罗伯特·马尔萨斯认为人口增长将会：

    a. 对经济生产食物的能力带来压力，人们注定要生活在贫困之中。

    b. 把资本存量分摊到更少的劳动力中，降低了每个工人的生产率。

    c. 促进技术进步，因为会有更多科学家和发明者。

    d. 最终会下降到可持续的水平，因为生育控制技术得到改进，而且人们的家庭规模变小。

【答案】 1. b 2. c 3. d 4. c 5. c 6. a

问题与应用

1. 包括美国在内的大多数国家都从其他国家进口大量物品与服务。但本章认为，只有一国本身能生产大量物品与服务，它才能享有高生活水平。你能使这两个事实一致吗？

    【解答】

    a. 从其他国家进口大量物品和服务的国家，也在生产大量的物品和服务，从而享受高生活水平。这样做，可以使得国家从贸易中获得实质收益。为了支付从其他国家购买的物品，一个经济体必须能够创造收入。通过生产大量的物品和服务，然后与其他国家的物品和服务进行贸易，从而最大化本国的生活水平。

2. 假定社会决定减少消费并增加投资。

    a. 这种变化会如何影响经济增长？

    b. 哪些社会群体会从这种变化中获益？哪些群体会受到损害？

    【解答】

    a. 在短期中，更多的投资会导致更快的经济增长。

    b. 这种变化会使社会中由于经济增长更快而收入更高的人们获益。然而，在这个过渡期，那些在消费品行业的工人和企业主的收入将会降低，而那些在投资行业的工人和企业主的收入将会提高。此外，一些群体在这段时间内将不得不降低他们的支出以使投资上升。

3. 社会选择把多少资源用于消费和把多少资源用于投资。这些决策中的一部分涉及私人支出，另一些涉及政府支出。

    a. 说明代表消费的一些私人支出形式，以及代表投资的一些私人支出形式。国民收入账户把学费作为消费支出的一部分。按你的看法，把资源用于教育是一种消费的形式，还是一种投资的形式？

    b. 说明代表消费的一些政府支出形式，以及代表投资的一些政府支出形式。按你的看法，我们应该把政府用于医疗计划的支出作为一种消费的形式，还是一种投资的形式？你能区分青年人的医疗计划和老年人的医疗计划吗？

【解答】

a. 私人消费支出包括购买食物和衣服；私人投资支出包括购买住房和企业购买电脑。其他例子有很多。教育既可以看作是消费，也可以看作是投资。

b. 政府消费支出包括给各类公职人员支付工资；政府投资支出包括购买军事设备、修建公路等。其他例子有很多。

4. 资本投资的机会成本是什么？你认为一国有可能对资本"过度投资"吗？人力资本投资的机会成本是什么？你认为一国可能对人力资本"过度投资"吗？解释原因。

【解答】

资本投资的机会成本是把资源用于投资所引起的消费损失。由于边际收益递减，所以资本过度投资是可能的。如果人们更偏好于更高的消费和更少的未来经济增长，则一个国家可能对资本过度投资。人力资本投资的机会成本也是把资源用于投资所引起的消费损失。如果人们得到高于工作所要求的教育经历时，一个国家可能对人力资本过度投资。例如，一个哲学博士的最好工作是管理一家饭店。

5. 在20世纪90年代和21世纪前十年，来自日本和中国这些亚洲经济体的投资者在美国进行了大量直接投资和有价证券投资。那时许多美国人对这种投资的出现表示不满。
   a. 在哪些方面美国接受这种外国投资比不接受好？
   b. 在哪些方面美国人进行这种投资会更好？

【解答】

a. 美国从中国和日本对美国的投资中受益，因为这会使得美国的资本存量提高，从而促进经济增长。

b. 如果美国人进行投资将会更好，因为美国人将会从投资中获得所有收益，而不是由中国和日本人获得。

6. 在许多发展中国家，年轻女性的中学入学率低于男性。说明如果年轻女性有更多的教育机会，可以加快这些国家经济增长的几种方式。

【解答】

在这些发展中国家，年轻女性更多的教育机会将会带来更快的经济增长。因为，第一，增加的人力资本会提高生产率并获得由于知识增加引起的外部效应。第二，年轻女性教育机会的增加会降低人口增长率，这是因为教育机会成本的上升提高了抚养一个孩子的机会成本。

7. 国际数据表明,人均收入与人口健康之间存在正相关关系。

    a. 解释收入更高如何引起更好的健康状况。

    b. 解释更好的健康状况如何引起更高的收入。

    c. 如何使这两个假说的重要性适用于公共政策?

【解答】

a. 收入更高的群体有更多的机会获取清洁的水、医疗保障和良好的营养。

b. 更健康的群体更有生产率。

c. 理解好人均收入和人口健康之间正的因果关系有助于决策者采用恰当的公共政策,从而实现更好的人口健康和更高的人均收入。

8. 18世纪伟大的经济学家亚当·斯密写道:"使一个国家从最野蛮的状态进入最富裕状态的必要条件不过是和平、轻税和较好的司法行政机构而已,其余则是自然而然的事情。"解释亚当·斯密所说的三个条件如何促进经济增长。

【解答】

和平会促进经济增长,这是因为和平意味着产权在将来会得到尊重。军事冲突和革命政府的威胁会减少国内居民储蓄、投资和创业的动机;此外,也会减少外国人在该国投资的动机。

轻税会促进经济增长,这是因为轻税使得居民和企业保留了所赚收入的更大份额,从而使得他们能够有更大比例的收入用于储蓄和投资。

较好的司法行政机构会促进经济增长,这是因为它能保障产权,这会鼓励国内储蓄和国外投资。

第26章
储蓄、投资和金融体系

学习目标

在本章中,学生应理解

- 美国经济中一些重要的金融机构;
- 金融体系如何与关键的宏观经济变量联系;
- 金融市场上的可贷资金供求模型;
- 如何使用可贷资金模型分析各种政府政策;
- 政府预算赤字如何影响美国经济。

内容与目的

第26章是有关长期中生产与增长的四章中的第二章。第25章中,我们发现,资本和劳动是生产的最主要决定因素。由于这一原因,第26章论述储蓄和资本投资市场,而第27章论述人们和企业在选择投资的资本项目时使用的工具。第28章将论述劳动市场。

第26章的目的是说明可贷资金市场如何协调储蓄和投资。在可贷资金市场的框架之内,我们可以看到税收和政府赤字对储蓄、投资、资本积累,以及最终对生产增长率的影响。

要点

1. 美国金融体系由各种金融机构组成,例如,债券市场、股票市场、银行和共同基金。所有这些机构的作用都是使那些想把一部分收入储蓄起来的家庭的资源流入到那些想借款的家庭和企业的手中。

2. 国民收入账户恒等式说明了宏观经济变量之间的一些重要关系。特别是,对一个封闭经济来说,国民储蓄一定等于投资。金融机构是使一个人的储蓄与另一个人的投资相匹配的机制。

3. 利率由可贷资金的供求决定。可贷资金的供给来自想把自己的一部分收入储蓄起来并借贷出去的家庭。可贷资金的需求来自想借款投资的家庭和企业。为了分析任何一种政策或事件如何影响利率,我们应该考虑它如何影响可贷资金的供给与需求。

4. 国民储蓄等于私人储蓄加公共储蓄。政府预算赤字代表负的公共储蓄,从而减少了国民储蓄和可用于为投资筹资的可贷资金供给。当政府预算赤字挤出投资时,它就降低了生产率和 GDP 的增长。

教材习题解答

即问即答

1. 什么是股票? 什么是债券? 它们有什么不同之处? 它们有什么相似之处?

【解答】

股票是对企业部分所有权的索取权。债券是一种债务证明书。它们的不同之处如下:(1) 债券支付利息(在债券发行时确定定期支付),而股票支付红利(如果公司利润增多会增加公司利润的分红)。(2) 债券有固定的到期日,而股票没有到期日。(3) 如果一个同时发行股票和债券的公司破产,债券持有人将比股票持有人优先获得偿还,因此股票比起债券来说风险更大,同时潜在收益也更大。股票和债券的相似之处在于两者都属于公司筹集投资资金的金融工具。两者都可以交易,都具有一定风险,同时所获得的收益(通常来说)都需要纳税。

2. 定义私人储蓄、公共储蓄、国民储蓄和投资。它们如何相关?

【解答】

私人储蓄是家庭支付了税收和消费之后剩下来的收入。公共储蓄是政府支付其支出后剩下的税收收入。国民储蓄等于用于消费和政府购买后剩下的一个经济中的总收入。投资指设备或建筑物这类新资本的购买。

这些术语在两个方面相联系:(1) 国民储蓄是公共储蓄和私人储蓄之和。(2) 在一个封闭经济中,国民储蓄等于投资。

3. 如果更多美国人采取了"今朝有酒今朝醉"的生活方式,这将如何影响储蓄、投资和利率?

【解答】

如果更多美国人采取了"今朝有酒今朝醉"的生活方式,他们将会消费更多而储蓄更少。这会导致可贷资金市场供给曲线向左移动。在新的均衡点,有更少的储蓄和投资,有更高的利率。

复习题

1. 金融体系的作用是什么？说出作为金融体系一部分的两种市场的名称并描述之。说出两种金融中介机构的名称并描述之。

   【解答】

   金融体系的作用是帮助一个人的储蓄与另一个人的投资相匹配。作为金融体系一部分的两种市场分别是债券市场和股票市场。在债券市场上，大公司、联邦政府、州政府或地方政府通过此市场借贷；在股票市场上，公司通过此市场出售所有权股份。两个金融中介机构是银行和共同基金。银行吸收存款并发放贷款。共同基金是向公众出售股份，并用所得款项购买金融资产组合。

2. 为什么那些拥有股票和债券的人要使自己持有的资产多样化？哪种金融机构进行多样化更容易？

   【解答】

   那些拥有股票和债券的人使自己持有的资产多样化是重要的，因为这样会使他们与每个资产都仅有一点利害关系，有利于降低风险。共同基金使钱不多的投资者能够购买成百上千种不同股票和债券的一部分，从而使得这种多样化变得容易。

3. 什么是国民储蓄？什么是私人储蓄？什么是公共储蓄？这三个变量如何相关？

   【解答】

   国民储蓄是没有花费在消费或政府购买上的国民收入。私人储蓄是家庭支付了税收和消费之后剩下来的收入。公共储蓄是政府支付其支出后剩下的税收收入。这三个变量的关系是国民储蓄等于私人储蓄加上公共储蓄。

4. 什么是投资？它如何与国民储蓄相关？

   【解答】

   投资是指设备或建筑物这类新资本的购买。在一个封闭经济中，投资等于国民储蓄。

5. 描述可以增加私人储蓄的一种税法变动。如果实施了这种政策，它会如何影响可贷资金市场呢？

   【解答】

   增加私人储蓄的一种税法变动是放宽某些特殊账户的要求，从而允许人们的某些储蓄免于征税。这会增加可贷资金的供给、降低利率并增加投资。

6. 什么是政府预算赤字？它如何影响利率、投资以及经济增长？

【解答】

政府预算赤字是指政府支出超过税收收入。由于政府预算赤字会减少国民储蓄，这会提高利率，减少私人投资，从而降低经济增长。

快速单选

1. Nina 想购买并经营冰淇淋车，但她没有资金来从事这项业务。她向朋友 Max 借了 5 000 美元，并答应向他支付 7% 的利率；又从朋友 David 处借到 1 万美元，并答应向他支付 1/3 的利润。能最好地描述这种情况的是：

   a. Max 是股东，Nina 是债权人。

   b. Max 是股东，David 是债权人。

   c. David 是股东，Nina 是债权人。

   d. David 是股东，Max 是债权人。

2. 如果政府征收的税收收入大于它的支出，而家庭的消费大于他们的税后收入，那么：

   a. 私人储蓄与公共储蓄都是正的。

   b. 私人储蓄与公共储蓄都是负的。

   c. 私人储蓄是正的，但公共储蓄是负的。

   d. 私人储蓄是负的，但公共储蓄是正的。

3. 一个封闭经济收入为 1 000 美元，政府支出 200 美元，税收 150 美元，投资 250 美元，私人储蓄是____美元。

   a. 100　　　　　　b. 200　　　　　　c. 300　　　　　　d. 400

4. 如果一个受欢迎的关于个人理财的电视节目使更多美国人确信为退休而储蓄的重要性，那么，可贷资金的____曲线将移动，并引起均衡利率____。

   a. 供给，上升　　　　　　　　　　b. 供给，下降

   c. 需求，上升　　　　　　　　　　d. 需求，下降

5. 如果企业界对资本的获利性变得更乐观，那么可贷资金的____曲线将移动，并引起均衡利率____。

   a. 供给，上升　　　　　　　　　　b. 供给，下降

   c. 需求，上升　　　　　　　　　　d. 需求，下降

6. 从 2008 年到 2012 年,美国政府的债务—GDP 比率____。

    a. 显著上升   b. 显著下降

    c. 稳定在历史的高水平   d. 稳定在历史的低水平

【答案】 1．d　2．d　3．c　4．b　5．c　6．a

问题与应用

1. 在下列每一对选择中,你预期哪一种债券会支付高利率? 解释原因。

    a. 美国政府债券或东欧国家政府债券。

    b. 在 2020 年偿还本金的债券或在 2040 年偿还本金的债券。

    c. 可口可乐公司的债券或在你家车库经营的软件公司的债券。

    d. 联邦政府发行的债券或纽约州政府发行的债券。

【解答】

    a. 东欧国家政府债券比美国政府债券支付更高的利率,因为东欧国家政府债券具有更高的违约风险。

    b. 2040 年偿还本金的债券比 2020 年偿还本金的债券支付更高的利率,因为 2040 年偿还本金的债券有更长的到期日,从而对于本金的风险更大。

    c. 在你家车库经营的软件公司的债券比可口可乐公司的债券支付更高的利率,因为你家车库经营的软件公司有更高的信用风险。

    d. 联邦政府发行的债券比纽约州发行的债券支付更高的利率,因为购买纽约州发行债券的投资者不必缴纳联邦收入税。

2. 许多工人持有他们所在的企业发行的大量股票。你认为为什么公司鼓励这种行为? 一个人为什么可能不想持有他所在公司的股票?

【解答】

公司鼓励自己的员工持有公司的股份是因为,这会激励员工关心公司的利润而不仅是自己的薪水。因此,如果员工发现浪费现象或那些能使公司改进的领域,他们将会采取行动使公司受益,因为他们知道这样会使得自己的股票升值。此外,这同样也激励员工努力工作,明白公司好,他们也会受益。

但是从员工的角度看,拥有自己所在公司的股票有风险。员工的工资或薪水已经与公司的经营好坏联系一起了。如果公司有问题,员工可能会被解雇或导致薪水下降。如果员工持有公司股份,那将会造成双重打击——员工失业或薪水下降,以及所持公司股票价值下降。因此,持有自己所在公司的股票是个非常有风险的提议。大多数员工通过持有其他公司的股票或债券多元化使自己的境况变好。因此,他们的财富就不会如此依赖他们所在的公司。

3. 根据宏观经济学家的定义,解释储蓄和投资之间的差别。下列哪一种情况代表投资?哪一种代表储蓄?解释原因。

 a. 你的家庭拿到抵押贷款并购买新房子。

 b. 你用 200 美元工资购买 AT&T 公司的股票。

 c. 你的室友赚了 100 美元并把它存入银行账户。

 d. 你从银行借了 1 000 美元买一辆用于送比萨饼的汽车。

【解答】

根据经济学家的定义,当个人收入超过消费时,储蓄产生。而当个人或企业购买新资本(例如住房或企业设备)时,投资产生。

 a. 你的家庭拿到抵押贷款并购买新房子属于投资,因为这是新资本的购买。

 b. 你用 200 美元购买 AT&T 公司的股票属于储蓄,因为你 200 美元的收入没有花费在消费品上。

 c. 你的室友赚了 100 美元并把它存入银行账户属于储蓄,因为钱没有花费在消费品上。

 d. 你从银行借了 1 000 美元买一辆用于送比萨饼的汽车属于投资,因为车属于资本产品。

4. 假设 GDP 是 8 万亿美元,税收是 1.5 万亿美元,私人储蓄是 0.5 万亿美元,而公共储蓄是 0.2 万亿美元。假设这个经济是封闭的,计算消费、政府购买、国民储蓄和投资。

【解答】

假定 $Y=8$, $T=1.5$, $S_{私人}=0.5=Y-T-C$, $S_{私人}=0.2=T-G$。

因为 $S_{私人}=Y-T-C$,通过变换得消费 $C=Y-T-S_{私人}=8-1.5-0.5=6$。

因为 $S_{私人}=T-G$,通过变换得政府购买 $G=T-S_{公共}=1.5-0.2=1.3$。

因为 $S=$ 国民储蓄 $=S_{私人}+S_{公共}=0.5+0.2=0.7$。

最后, $I=$ 投资 $=S$, $I=0.7$。

5. 在一个封闭国家 Funlandia,经济学家收集到以下某一年的经济信息:

$$Y=10\,000$$

$$C=6\,000$$

$$T=1\,500$$

$$G=1\,700$$

经济学家还估算出投资函数为:

$$I=3\,300-100r$$

其中，r 为该国家的真实利率，用百分比表示。计算私人储蓄、公共储蓄、国民储蓄、投资和均衡的真实利率。

【解答】

私人储蓄 $= Y - T - C = 10\,000 - 1\,500 - 6\,000 = 2\,500$。

公共储蓄 $= T - G = 1\,500 - 1\,700 = -200$。

国民储蓄 $= Y - C - G = 10\,000 - 6\,000 - 1\,700 = 2\,300$。

投资 $=$ 储蓄 $= 2\,300$。

均衡利率可通过设定投资等于 $2\,300$，求解 r 得到。

$3\,300 - 100r = 2\,300$

$100r = 1\,000$

$r = 10\%$

6. 假设英特尔公司正考虑建立一个新的芯片工厂。

    a. 假设英特尔公司需要在债券市场上筹资，为什么利率上升会影响英特尔公司是否建立这个工厂的决策？

    b. 如果英特尔公司有足够的自有资金来为新工厂筹资而不用借钱，利率的上升还会影响英特尔公司是否建立这个工厂的决策吗？解释原因。

【解答】

    a. 如果利率上升，筹资新建工厂的成本将会增加，从而使得新建工厂的收益可能不足以抵消成本。因此，更高的利率使得英特尔公司很有可能不建新厂。

    b. 如果英特尔公司有足够的资金新建工厂，利率的上升仍旧会影响决策。这要考虑到使用资金的机会成本。比起投资工厂，英特尔公司可以使用这笔资金购买债券从而获得更高的利率。英特尔公司会比较新建工厂和购买债券两者的潜在收益。如果利率上升使得债券市场收益上升，英特尔公司很可能不会把投资用于新建工厂。

7. 三个学生各有储蓄 1 000 美元。每个人都有一个可投资最多 2 000 美元的投资机会。下面是各个学生投资项目的收益率：

Harry	5%
Ron	8%
Hermione	20%

    a. 如果借款和贷款都受到禁止，因此每个学生只能用自己的储蓄为其投资项目筹资，一年后当项目支付收益时，每个学生各有多少？

    b. 现在假设他们学校开了一个可贷资金市场，学生可以在他们之间以利率 r 借贷资金。

决定学生选择成为借款者,还是贷款者的因素是什么?

c. 在利率为7%时,在这三个学生中,可贷资金供给量和需求量各是多少?在利率为10%时呢?

d. 在什么样的均衡利率时,三个学生的可贷资金市场可以均衡?在这种利率时,哪个学生会把钱借出去?哪个学生会贷款?

e. 在均衡利率时,一年后投资项目支付了收益并偿还贷款后,每个学生各有多少钱?把你的答案与(a)题的答案比较。谁从可贷资金市场的存在中获益——借款者还是贷款者?有没有人受损失?

【解答】

a. Harry 将有 $1\,000$ 美元 $\times (1+0.05) = 1\,050$ 美元。Ron 将有 $1\,000$ 美元 $\times (1+0.08) = 1\,080$ 美元。Hermione 将有 $1\,000$ 美元 $\times (1+0.20) = 1\,200$ 美元。

b. 每个学生将会把自己的投资项目期望收益率与市场利率(r)进行比较。如果投资项目期望收益率大于 r,学生将会选择借款。如果投资项目期望收益率小于 r,学生将会选择存款。

c. 如果 $r = 7\%$,Harry 将会选择存款,而 Ron 和 Hermione 将选择借款。此时,资金需求数量为 $2\,000$ 美元,而供给数量为 $1\,000$ 美元。

   如果 $r = 10\%$,只有 Hermione 会选择借款。此时,资金需求数量为 $1\,000$ 美元,而供给数量为 $2\,000$ 美元。

d. 借贷市场在利率为8%时达到均衡。Harry 将会存款而 Hermione 则会借款,Ron 将只使用自己的储蓄投资项目,既不借款也不存款。因此,需求数量 = 供给数量 = $1\,000$ 美元。

e. Harry 将会有 $1\,000$ 美元 $\times (1+0.08) = 1\,080$ 美元。Ron 将会有 $1\,000$ 美元 $\times (1+0.08) = 1\,080$ 美元。Hermione 将会有 $2\,000$ 美元 $\times (1+0.20) - 1\,000$ 美元 $\times (1+0.08) = 2\,400$ 美元 $- 1\,080$ 美元 $= 1\,320$ 美元。借款者和贷款者都获益,没有人受损。

8. 假设政府明年的借款比今年多200亿美元。

a. 用供求图分析这种政策。利率会上升还是会下降?

b. 投资会发生什么变动?私人储蓄呢?公共储蓄呢?国民储蓄呢?将这些变动的大小与增加的200亿美元政府借款进行比较。

c. 可贷资金的供给弹性如何影响这些变动的大小?

d. 可贷资金的需求弹性如何影响这些变动的大小?

e. 假设家庭相信,政府现在借款越多意味着未来为了偿还政府债务而必须征收的税率越高。这种信念对现在的私人储蓄和可贷资金供给有什么影响?这种信念是加强还是减弱了你在(a)与(b)中所讨论的影响?

【解答】

a. 政府 200 亿美元借款的影响如图 1 所示。初始时,可贷资金供给曲线为 S_1,均衡实际利率为 i_1,可贷资金数量为 L_1。200 亿美元政府借款减少了每个利率上可贷资金的供给,使得可贷资金供给曲线 S_1 向左移动变成新供给曲线 S_2。由于移动的结果,新的均衡实际利率为 i_2。政府借款的增加导致了利率的上升。

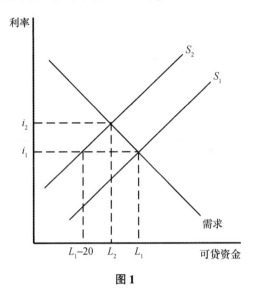

图 1

b. 因为利率的上升,投资和国民储蓄下降,私人储蓄上升。政府借款的增加减少了公共储蓄。由图 1 可知,总的可贷资金(从而投资和国民储蓄)减少了少于 200 亿美元,公共储蓄减少了 200 亿美元,私人储蓄上升了少于 200 亿美元。

c. 如图 2 所示,可贷资金供给曲线越富有弹性,供给曲线越平坦,因此利率上升越慢,国民储蓄下降越慢。

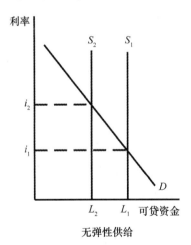

无弹性供给

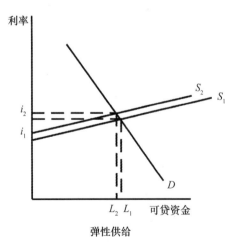

弹性供给

图 2

d. 如图 3 所示,可贷资金需求曲线越富有弹性,需求曲线越平坦,因此利率上升越慢,国民储蓄下降越快。

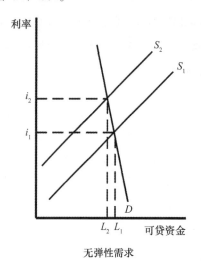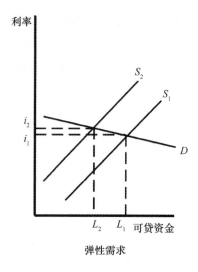

图 3

e. 如果家庭相信,政府现在借款越多意味着未来为了偿还政府债务而必须征收的税率越高,那么人们为了能在将来支付更高的税将会储蓄更多。因此,私人储蓄将会上升,从而可贷资金供给增加。这会抵消公共储蓄的减少,因此会减少投资和国民储蓄均衡数量的下降,减少利率上升量。

9. 本章解释了投资既可能由于对私人储蓄减税而增加,也可能由于政府预算赤字减少而增加。

   a. 为什么同时实施这两种政策是困难的?

   b. 为了判断这两种政策中哪一种是增加投资的更有效方法,你需要对私人储蓄了解些什么?

   【解答】

   a. 投资可以通过对私人储蓄减税和减少政府预算赤字来增加。除非其他税收增加或政府支出减少,否则对私人储蓄减税会增加政府预算赤字。因此,同时实施这两种政策是有困难的。

   b. 为了了解哪一种政策对增加投资更为有效,你需要了解:(1) 考虑到税后实际利率,私人储蓄弹性的大小。因为这将决定如果对私人储蓄减税,将会有多少私人储蓄增加。(2) 私人储蓄对政府预算赤字变动的反映。因为政府预算赤字下降可能与私人储蓄同等下降相匹配,从而国民储蓄根本不会增加。(3) 考虑到利率,投资弹性如何。因为如果投资相当缺乏弹性,那么任何政策都不会对投资产生很大影响。

第 27 章
金融学的基本工具

学习目标

在本章中,学生应理解

- 现值与终值之间的关系;
- 复利增长的影响;
- 风险厌恶者如何减少面临的风险;
- 资产价格如何决定。

内容与目的

第 27 章是有关长期中生产与增长的四章中的第三章。第 25 章中,我们已讨论了生产和增长的主要决定因素是资本和劳动。在第 26 章中,我们论述了储蓄和资本品投资如何影响生产。在第 27 章中,我们将了解人们和企业在选择投资的资本项目时使用的一些工具。由于资本和劳动都是生产的主要决定因素,因此第 28 章将论述劳动市场。

第 27 章的目的是向学生介绍人们在参与金融市场时所使用的一些工具。我们将了解人们如何比较不同时点的不同货币量,他们如何管理风险,以及如何把这些概念结合起来以帮助决定诸如股票这类金融资产的价值。

要点

1. 由于储蓄可以赚到利息,所以今天的货币量比未来相同的货币量更有价值。人们可以用现值的概念比较不同时点的货币量。任何一笔未来货币量的现值是现行的利率既定时为产生未来这一货币量今天所需要的货币量。

2. 由于边际效用递减,大多数人是风险厌恶者。风险厌恶者可以通过购买保险、使其持有的财产多元化,以及选择低风险和低收益的有价证券组合来降低风险。

3. 一种资产的价值等于所有者将得到的现金流的现值。对一股股票而言,这些现金流包括红利流量以及最终出售价格。根据有效市场假说,金融市场理性地处理可获得的信息,因此股票价格总是等于企业价值的最好估算。但是,一些经济学家质疑有效市场假说,并相信非理性心理因素也影响资产价格。

教材习题解答

即问即答

1. 利率是7%,10年后得到的150美元的现值是多少?

【解答】

如果利率是7%,10年后150美元的现值是150美元/$(1.07)^{10}$ =76.25美元。

2. 描述风险厌恶者降低他所面临的风险的三种方法。

【解答】

风险厌恶者降低他所面临的风险的三种方法:(1) 购买保险;(2) 多元化投资组合;(3) 选择收益率较低但更安全的替代品。

3.《财富》杂志定期公布"最受尊重的公司"的排行榜。根据有效市场假说,如果把你的股票投资组合限于这些公司,你赚得的收益会比平均收益多吗?解释之。

【解答】

不会。根据有效市场假说,股票价格反映了股票价值的所有可获得信息。因此,在清单上的股票表现并不会比证券交易所里其他的股票表现好。

复习题

1. 利率为7%。用现值的概念比较10年后得到的200美元与20年后得到的300美元。

【解答】

如果利率是7%,那么10年后200美元的现值为200美元/$(1.07)^{10}$ =101.67美元。如果利率是7%,那么20年后300美元的现值为300美元/$(1.07)^{20}$ =77.53美元。比较这两种选择,10年后得到200美元的选择好于20年后得到300美元的选择。

2. 人们从保险市场中得到了什么利益?阻碍保险公司完美运作的两个问题是什么?

【解答】

购买保险让个人降低了他所面临的风险水平。阻碍保险公司完美运作的两个问题是逆向

选择和道德风险。逆向选择是指一个高风险的人比低风险的人更可能购买保险。道德风
险则是人们购买保险后会减少风险防范的动机。

3. 什么是多元化？股票持有者从持有 1 种股票到持有 10 种股票获得的多元化收益更大，还
   是从持有 100 种股票到持有 120 种股票获得的多元化收益更大？

   【解答】

   多元化是指通过用大量不相关的小风险代替单一风险来降低风险。股票持有者从持有
   1 种股票到持有 10 种股票，获得的多元化收益更大。

4. 比较股票和政府债券，哪一种风险更大？哪一种能够带来更高的平均收益？

   【解答】

   股票的风险更大，因为股票的价值取决于公司的远期价值。因为股票风险更大，所以股票
   持有者比债券持有者要求更高的收益。风险和收益之间存在正相关性。

5. 股票分析师在确定一股股票的价值时应该考虑哪些因素？

   【解答】

   股票分析师在确定股票的价值时将会考虑公司的远期利润。

6. 描述有效市场假说，并给出一个与这种理论一致的证据。

   【解答】

   有效市场假说认为股票价格反映了所有可获得的信息，这意味着我们不可能使用当前的
   信息来预测股票价格的未来变动。支持这一理论的一个证据是，许多指数基金胜过由专
   业投资组合经理积极管理的共同基金。

7. 解释那些质疑有效市场假说的经济学家的观点。

   【解答】

   那些质疑有效市场假说的经济学家认为，股票价格波动部分是心理原因造成的。事实上，
   如果人们认为有人在将来愿意以更高的价格购买股票，那么他们就愿意购买高估的股票。
   这意味着股票价格并不是对公司的理性估值。

快速单选

1. 如果利率是 0，那么 10 年后支付的 100 美元的现值是____。

   a. 小于 100 美元   b. 等于 100 美元

   c. 大于 100 美元   d. 不明确

2. 如果利率是 10% ,那么 2 年后今天的 100 美元的价值是____。

    a. 80 美元   b. 83 美元

    c. 120 美元   d. 121 美元

3. 如果利率是 10% ,那么 2 年后支付的 100 美元的现值是____。

    a. 80 美元   b. 83 美元

    c. 120 美元   d. 121 美元

4. 保险分散风险的能力受____限制。

    a. 风险厌恶与道德风险   b. 风险厌恶与逆向选择

    c. 道德风险与逆向选择   d. 仅仅是风险厌恶

5. 当构建资产组合时,多元化的好处是它减少了____。

    a. 投机泡沫   b. 风险厌恶

    c. 企业特有风险   d. 市场风险

6. 根据有效市场假说,____。

    a. 不可能根据公共信息预测股票价格的变化

    b. 过度多元化会减少投资者的预期资产组合收益

    c. 股票市场根据投资者变化的本能冲动而变动

    d. 积极管理的共同基金应该获得比指数基金更多的收益

【答案】 1. b   2. d   3. b   4. c   5. c   6. a

问题与应用

1. 根据一个古老的传说,大约 400 年前,美国土著人以 24 美元出卖了曼哈顿岛。如果他们按每年 7% 的利率把这笔钱投资,他们今天有多少钱?

    【解答】

    24 美元以 7% 的利率投资 400 年的终值是 $(1.07)^{400} \times 24$ 美元 = 13 600 000 000 000 美元 = 13.6 万亿美元。

2. 一家公司有一个今天花费 1 000 万美元、4 年后收益 1 500 万美元的投资项目。

    a. 如果利率是 11% ,该公司应该实施这个项目吗? 利率是 10% 、9% 或 8% 时,情况又如何?

    b. 你能指出盈利与不盈利之间准确的利率分界线吗?

【解答】

a. 11%的利率下,4年后1500万美元的现值是1500万美元$/(1.11)^4$＝988万美元。因为投资项目的现值低于成本,所以不应当实施这个项目。

10%的利率下,4年后1500万美元的现值是1500万美元$/(1.10)^4$＝1025万美元。因为投资项目的现值高于成本,所以应当实施这个项目。

9%的利率下,4年后1500万美元的现值是1500万美元$/(1.09)^4$＝1063万美元。因为投资项目的现值高于成本,所以应当实施这个项目。

8%的利率下,4年后1500万美元的现值是1500万美元$/(1.08)^4$＝1103万美元。因为投资项目的现值高于成本,所以应当实施这个项目。

b. 盈利与不盈利之间的利率准确分界线是4年后1500万美元现值等于投资项目成本(1000万美元)的利率。

$$10 = 15/(1+x)^4$$
$$10(1+x)^4 = 15$$
$$(1+x)^4 = 1.5$$
$$1+x = 1.5^{0.25}$$
$$1+x = 1.10668$$
$$x = 0.10668$$

因此,盈利与不盈利之间的利率准确分界线是10.668%。

3. 债券A在20年后支付8000美元。债券B在40年后支付8000美元。(为了简化,假设是零息票债券,这意味着8000美元是债券持有者得到的唯一收益。)

a. 如果利率是3.5%,每种债券今天的价值是多少?哪一种债券更值钱?为什么?(提示:你可以使用计算器,但运用70规则将使计算容易些。)

b. 如果利率上升到7%,每种债券的价值是多少?哪一种债券价值变动的百分比更大?

c. 根据上面的例子,完成以下句子中的两个空格:当利率上升时,一种债券的价值是(上升/下降),期限更长的债券对利率变动是(更敏感/更不敏感)。

【解答】

a. 运用70规则,当利率为3.5%时,债券的价值约20(70/3.5)年后将为现在的2倍。因此,20年后支付的债券A的现值约为4000美元,因为债券A的现值是20年后终值的2倍。40年后支付的债券B的现值约为2000美元,因为它的现值是40年后终值(8000美元)的4倍。(更具体地说,债券B的现值是2000美元,它的现值20年后变成2倍是4000美元,再过20年后再变成2倍,是8000美元。)

b. 运用 70 规则,当利率为 7% 时,债券的价值约 10(70/7)年后将为现在的 2 倍。因此,20 年后支付的债券 A 的现值约为 2 000 美元,因为债券 A 的现值是 20 年后终值的 4 倍。40 年后支付的债券 B 的现值约为 500 美元,因为它的现值是 40 年后终值的 16 倍。

债券 A 的价值变动百分比:(2 000 − 4 000)/4 000 × 100 = −50%

债券 B 的价值变动百分比:(500 − 2 000)/2 000 × 100 = −75%

c. 当利率上升时,一种债券的价值下降,期限更长的债券对利率变动更敏感。

4. 你的银行账户支付 8% 的利率。你正考虑购买 110 美元 XYZ 公司的股份。在 1 年、2 年和 3 年之后,该公司会付给你红利 5 美元。你预期在 3 年后以 120 美元卖掉股票。XYZ 公司的股票是一种好的投资吗?用计算支持你的答案。

【解答】

股票的价值等于股息现值和最终出售价格:5 美元/1.08 + 5 美元/1.08^2 + (5 美元 + 120 美元)/1.08^3 = 4.63 美元 + 4.29 美元 + 99.23 美元 = 108.15 美元。由于 108.15 美元低于股票购买的初始价格 110 美元,因此 XYZ 公司的股票不是一个好的投资。

5. 对以下每一类保险,举出一个可以称为道德风险的行为的例子和另一个可以称为逆向选择的行为的例子。

a. 医疗保险

b. 汽车保险

【解答】

a. 病人比健康者更有可能申请医疗保险,这就是逆向选择;当一个人有医疗保险时,他很可能不太关注自身健康,这就是道德风险。

b. 一个爱冒险的司机比一个安全开车的司机更有可能申请汽车保险。这就是逆向选择。一旦司机有了汽车保险,他开车可能更加莽撞,这就是道德风险。

6. 你预期哪一种股票会带来较高的平均收益:对经济状况极为敏感的行业的股票(例如汽车制造业),或者对经济状况相对不敏感的行业的股票(例如自来水公司)?为什么?

【解答】

对经济状况极为敏感的行业的股票具有更高的风险。因此,我们期望这种股票支付更高的收益。为了让股东接受风险,这类股票的收益要高于风险小的股票。

7. 一个公司面临两种风险:企业特有风险是指竞争者可能会进入其市场并夺走它的一些客户;市场风险是指经济可能会进入衰退期,销售收入减少。这两种风险中哪一种更可能使公司股东要求高收益?为什么?

【解答】

企业特有风险更有可能使股东要求更高的收益,因为企业特有风险是只影响特有股票的风险,而在经济中,市场风险是每一只股票都会面临的风险。

8. 当公司高层管理人员根据凭借其地位得到的私人信息买卖股票时,他们就是在进行内部人交易。

   a. 举出一个对买卖股票有用的内部信息的例子。

   b. 那些根据内部信息交易股票的人通常可赚到极高的收益率。这个事实违背了有效市场假说吗?

   c. 内部人交易是非法的。你认为它为什么非法?

【解答】

   a. 这类例子有很多,如有关正在研发的新产品的信息、能影响企业盈利能力的政府未来法规的信息。

   b. 那些根据内部信息交易股票的人赚到极高的收益率并不违背市场有效假说。市场有效假说认为股票价格反映了企业未来盈利能力的所有可获得信息。对于公众来说,内部信息并不容易获得,因此内部信息并没有反映在股票价格中。

   c. 内部人交易是非法的,因为这使得某些买者或卖者在股票市场中具有一种不平等优势。

9. Jamal 的效用函数是 $U = W^{1/2}$,这里 W 表示他的财富,以百万美元计,而 U 表示他得到的效用。在赌博的最后阶段显示,庄家向 Jamal 提供了一种选择:(A)确保有 400 万美元;(B)进行一个赌博:有 0.6 的概率获得 100 万美元,有 0.4 的概率获得 900 万美元。

   a. 画出 Jamal 的效用函数图。他是风险厌恶者吗?解释原因。

   b. 是 A 还是 B 给 Jamal 带来了更高的预期奖金?用近似的计算解释你的推理。(提示:一个随机变量的预期值是所有可能结果的加权平均数,这里的概率就是加权数。)

   c. 是 A 还是 B 给 Jamal 带来了更高的预期效用?同样,请列出计算过程。

   d. Jamal 应该选 A 还是 B?为什么?

【解答】

   a. Jamal 是风险厌恶者。每增加 1 美元财富的边际效用是递减的。Jamal 的效用函数如图 1 所示。

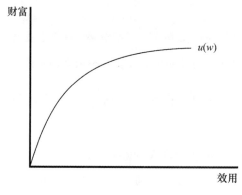

图1

b. A 的期望值 $= U(W = 400$ 万美元$) = 2\,000$。

B 的期望值 $= 0.6 \times U(W = 100$ 万美元$) + 0.4 \times U(W = 900$ 万美元$) = 0.6 \times 1\,000 + 0.4 \times 3\,000 = 600 + 1\,200 = 1\,800$。

因此,Jamal 应该选 A。

第 28 章
失业

学习目标

在本章中，学生应理解

- 用来衡量失业量的数据；
- 最低工资法如何引起失业；
- 企业和工会之间的谈判如何引起失业；
- 当企业选择支付效率工资时如何引起失业。

内容与目的

第 28 章是有关长期中生产与增长的四章中的最后一章。在第 25 章中，我们知道了生产和增长的主要决定因素是资本和劳动力。在第 26 章中，我们论述了储蓄和资本品的投资如何影响生产。在第 27 章中，我们知道了人们和企业在选择投资的资本项目时使用的一些工具。在第 28 章中，我们要说明劳动资源的充分利用如何提高生产水平和我们的生活水平。

第 28 章的目的是向学生介绍劳动市场。我们将看到经济学家如何使用失业统计数字衡量劳动力市场的状况。我们还将论述失业的许多根源，以及政府可以用来减少某些类型失业的政策。

要点

1. 失业率是那些想要工作但又没有工作的人所占的百分比。劳工统计局每月根据对成千上万户家庭的调查计算这个统计数字。

2. 失业率是对失去工作者的一个不完善的衡量指标。一些自称失业的人实际上可能并不想工作；而一些想工作的人在工作失败后离开了劳动力队伍，从而不被计算为失业者。

3. 在美国经济中，大多数失业的人在短期内找到了工作。然而，在任何一个既定时间段内所观察到的大多数失业归因于少数几个长期失业者。

4. 失业的一个原因是工人寻找最适合他们嗜好与技能的工作需要时间。由于失业保险、政府政策旨在保护工人收入,因此摩擦性失业增加。

5. 经济中总是存在某种失业的第二个原因是最低工资法。最低工资法通过把不熟练与无经验的工人的工资提高到均衡水平以上而增加了劳动供给量,并减少了劳动需求量。它所引起的过剩劳动供给代表失业。

6. 失业的第三个原因是工会的市场势力。当工会推动有工会组织行业的工资到均衡水平之上时,工会就创造出了过剩的劳动供给。

7. 效率工资理论提出了失业的第四个原因。根据这种理论,企业发现支付高于均衡水平的工资是有利的。高工资可以改善工人的健康状况,降低工人流动率,提高工人努力程度,以及提高工人素质。

教材习题解答

即问即答

1. • 如何衡量失业率?
   • 失业率如何可能高估了失去工作的人的数量? 如何可能低估了失去工作的人的数量?

   【解答】

   • 美国的失业率是通过对大约 6 万个家庭调查来计算的。首先,劳工统计局(BLS)把受调查家庭中的每个个体分别划入三个类别:就业者、失业者、非劳动力。其次,BLS 把就业者和失业者都算为劳动力。最后,失业率定义为失业者占劳动力的百分比。

   • 失业率可能高估失业人数是因为一些报告正在失业的人实际上并没有努力去找工作。而失业率可能低估失业人数则是因为那些丧失信心的工人并没有算在劳动力中,即使他们是没有工作的工人。

2. 世界石油价格的提高会如何影响摩擦性失业的数量? 这种失业是人们所不希望的吗? 哪一种公共政策可能会影响这种价格变动所引起的失业量?

   【解答】

   世界石油价格的上涨会增加摩擦性失业的数量。因为虽然石油生产企业会增加生产和就业,但是其他企业,诸如汽车行业企业则会减少生产和就业。从汽车行业到石油企业的部门转移在工人还没有完全转移到石油企业前的这段时间内会产生更高的摩擦性失业人数。虽然人们不希望失业人数增加,但是这类摩擦性失业是由于不同部门之间资源重新分配自然产生的结果。影响由于石油价格变动引起的失业的公共政策包括帮助汽车工人进入石油行业的政府管理的就业机构、帮助工人适应新行业的工作培训计划、使得工人免除由于从一个行业进入另一个行业所产生的经济困难的失业保险。

3. 画出工资高于均衡水平时劳动市场的供给曲线和需求曲线,并说明劳动供给量、劳动需求量和失业量。

【解答】

劳动供给曲线(S)和劳动需求(D)曲线如图1所示。工资(W)高于均衡水平工资(W_E),失业人数等于劳动供给数量(L_S)超出劳动需求(L_D)的部分。

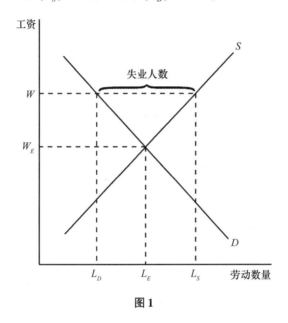

图1

4. 在汽车行业中,工会如何影响通用汽车公司和福特汽车公司的工资和就业?工会如何影响其他行业的工资和就业?

【解答】

汽车行业的工会通过罢工威胁提高了通用汽车公司和福特汽车公司雇用的工人的工资。为了避免罢工所造成的成本,企业通常会支付比无工会时更高的工资给工人,然而高工资会减少通用汽车公司和福特汽车公司的雇用人数。失业的汽车工人去其他行业找工作,这会降低无工会部门的工资并增加无工会部门的就业人数。

5. 给出四种解释,说明为什么企业会发现支付高于使劳动供给量与劳动需求量均衡水平的工资是有利的。

【解答】

由于以下四方面的原因,企业会发现支付高于劳动供给量与劳动需求量均衡水平的工资是有利的:(1) 确保工人健康,健康的工人生产率更高;(2) 降低工人流动率,因为雇用新工人需要花费成本;(3) 使工人更渴望保持工作,避免工人偷懒;(4) 吸引高素质的工人。

复习题

1. 劳工统计局把每个人划入哪三个类别? 它如何计算劳动力、失业率以及劳动力参工率?

【解答】

劳工统计局把雇用的每个成年人(16 周岁以上)划入三个类别:就业者、失业者、非劳动力。劳动力包括就业者和失业者。失业率是失业者占劳动力的百分比。劳动力参工率是劳动力占总成年人口的百分比。

2. 失业在正常情况下是短期的还是长期的? 解释之。

【解答】

失业通常是短期的。大多数成为失业者的人在短期内都能快速找到工作。但是,在任何一个既定时间内所观察到的大多数失业可归因于少数长期失业者。

3. 为什么摩擦性失业是不可避免的? 政府如何降低摩擦性失业的数量?

【解答】

摩擦性失业是不可避免的,因为经济总是处于变动之中。一些企业在收缩而另一些企业在扩张。一些地区比起其他地区发展更快。在企业和地区之间换工作的工人会伴随短期失业。

政府可以通过公共政策减少摩擦性失业人数,如:发布职位空缺信息加快工人和岗位匹配速度;开展公共培训计划使处于衰落行业的工人易于转移到增长行业中,并帮助弱势群体脱贫。

4. 最低工资法能更好地解释青少年的结构性失业还是大学毕业生的结构性失业? 为什么?

【解答】

最低工资法能更好地解释青少年的结构性失业而不是大学毕业生的结构性失业。青少年比起大学毕业生更缺少工作技能,因此他们的工资深受最低工资法影响。大学毕业生的工资通常高于最低工资。

5. 工会如何影响自然失业率?

【解答】

工会通过局内人和局外人影响自然失业率。因为工会把工资提高到均衡水平之上,使得劳动需求数量下降而劳动供给数量上升,从而造成失业。继续工作的局内人获取高工资。

因为高工资而失业的局外人有两种选择:或去没有工会组织的企业工作,或保持失业状态并等待工会组织提供工作。因此,有工会组织时的自然失业率高于无工会组织时的自然失业率。

6. 工会的支持者提出了哪些观点来证明工会对经济有利?

   【解答】

   工会支持者宣称工会有利于经济。因为工会可以与雇用工人的企业的市场势力相抗衡,同时在帮助企业有效地对关系工人利益的问题做出反应方面也是重要的。

7. 解释企业通过提高它所支付的工资增加利润的四种方式。

   【解答】

   企业通过提高它所支付的工资增加利润的四种方式:(1) 高工资工人更健康,生产率更高;(2) 工人流动率下降;(3) 企业能吸引更高素质的工人;(4) 工人努力程度提高。

快速单选

1. Ectenia 有人口 100 人:40 个人全职工作,20 个人兼职工作但想全职工作,10 个人正在找工作,10 个人想工作但丧失信心放弃了找工作,10 个人由于全日制学习对工作不感兴趣,还有 10 个人退休,失业人数是多少?

   a. 10 人　　　　　b. 20 人　　　　　c. 30 人　　　　　d. 40 人

2. 在上一题中,Ectenia 的劳动力有多少?

   a. 50 人　　　　　b. 60 人　　　　　c. 70 人　　　　　d. 80 人

3. 失业保险制度的主要目的是要减少____。

   a. 失业者寻找工作的努力　　　　　b. 工人面临的收入不确定性

   c. 工会在工资决定中的作用　　　　　d. 摩擦性失业的数量

4. 根据最近的数据,按小时支付工资的工人中,大约有____%的工资等于或低于最低工资。

   a. 2　　　　　b. 5　　　　　c. 15　　　　　d. 40

5. 参加工会的工人的工资高于没有参加工会的同类工人____%。

   a. 2　　　　　b. 5　　　　　c. 15　　　　　d. 40

6. 根据效率工资理论,以下哪种表述是正确的?

   a. 企业发现支付高于均衡水平的工资是有利的。

   b. 劳动供给过剩会压低工资。

c. 部门间流动是摩擦性失业的主要来源。

d. 工作权利法降低了工会的谈判力量。

【答案】 1. a 2. c 3. b 4. b 5. c 6. a

问题与应用

1. 劳工统计局宣布，2013 年 1 月，在所有美国成年人中，就业者为 1.43322 亿人，失业者为 0.12332 亿人，非劳动力为 0.89008 亿人。用这些信息计算：

   a. 成年人口数

   b. 劳动力

   c. 劳动力参工率

   d. 失业率

   【解答】

   a. 成年人口数 = 就业人数 + 失业人数 + 非劳动力 = 143 322 000 + 12 332 000 + 89 008 000 = 244 662 000。

   b. 劳动力 = 就业人数 + 失业人数 = 143 322 000 + 12 332 000 = 155 654 000。

   c. 劳动力参工率 = 劳动力/成年人口数 × 100% = 155 654 000/244 662 000 × 100% = 63.6%。

   d. 失业率 = 失业人数/劳动力 × 100% = 12 332 000/155 654 000 × 100% = 7.9%。

2. 登录劳工统计局的网站(http://www.bls.gov)。现在美国全国的失业率是多少？找出最适于描述你的人口群体(例如，根据年龄、性别和种族划分)的失业率。这一失业率高于还是低于全国平均水平？你认为为什么会这样？

   【解答】 略。

3. 2010 年 1 月至 2013 年 1 月，美国总就业人数增加了 490 万，但失业工人的人数仅减少了 270 万。这些数字相互一致吗？为什么有人认为失业人数的减少应该小于就业人数的增加？

   【解答】

   总就业人数增加 490 万而失业人数仅减少 270 万，这与劳动力人数增加 220 万相一致。随着人口增长和新增劳动力的增加，劳动力总数持续增长，从而使得就业增加人数超过失业减少人数。

4. 经济学家用劳动市场资料来评价经济如何利用其最有价值的资源——人。两个被密切关注的统计数字是失业率和就业人口比率。解释下面每一种情况下会出现什么事情。按你的看法,哪一个统计数字是经济良好运行的更有意义的标尺?

a. 一个汽车公司破产,并解雇了它的工人,这些人立即开始找新工作。

b. 一些被解雇的工人在找工作失败之后放弃了找新工作。

c. 许多大学毕业生找不到工作。

d. 许多大学毕业生立即开始了新工作。

e. 股市繁荣使60岁的工人成为新富,并提前退休。

f. 医疗进步延长了许多退休者的生命。

【解答】

a. 如果汽车公司破产,其失业工人立即开始找工作,则失业率会上升,就业人口比率则会下降。

b. 如果一些失业汽车工人放弃找工作,则失业率会下降,就业人口比率保持不变。

c. 如果许多大学毕业生找不到工作,则失业率会上升,就业人口比率保持不变。

d. 如果许多大学毕业生立即开始新工作,则失业率会下降,就业人口比率会上升。

e. 股市繁荣使60岁的工人提前退休,则失业率会上升,就业人口比率会下降。

f. 医疗进步延长了许多退休者的生命,失业率不受影响,就业人口比率会下降。

5. 以下工人更可能经历短期失业还是长期失业? 解释之。

a. 由于坏天气被解雇的建筑工人。

b. 在一个偏僻地区的工厂失去工作的制造业工人。

c. 因铁路竞争而被解雇的驿站业工人。

d. 当一家新餐馆在马路对面开业时,失去工作的快餐厨师。

e. 当公司安装了自动焊接机时,失去工作的受正规教育很少的专业焊接工。

【解答】

a. 由于坏天气而被解雇的建筑工人很可能经历短期失业,因为一旦天气变好,建筑工人将会回去工作。

b. 在一个偏僻地区的工厂失去工作的制造业工人很可能经历长期失业,因为在这个地区很可能没有其他就业机会。他需要转移到其他地方寻找合适的工作,这意味着他将会失业一段时间。

c. 由于铁路发展而被解雇的驿站业工人很可能要经历长期失业。由于所在行业的不断萎缩,该工人寻找另外的工作会面临很多困难。他很可能需要获得额外培训或技能以便在其他行业找到工作。

d. 当一家新餐馆开业时,失去工作的快餐厨师很可能快速找到工作,甚至可能就在新餐馆找到工作。因此,失业的快餐厨师很可能仅经历非常短暂的失业。

e. 当公司安装了自动焊接机时,失去工作的受教育少的专业焊接工很可能要经历长期失业,因为他缺乏使用最新设备的技术技能。为了能继续在焊接行业就业,他需要回学校学习最新的技术。

6. 用图示说明,在劳动市场中,最低工资提高对工人所得到的工资、工人供给量、工人需求量和失业量的影响。

【解答】

最低工资劳动市场如图2所示。在初始最低工资 $W_{M,1}$ 时,劳动供给数量大于劳动需求数量 $L_{D,1}$,失业人数等于 $L_{S,1} - L_{D,1}$。最低工资提高到 $W_{M,2}$ 导致劳动供给增长到 $L_{S,2}$,而劳动需求下降到 $L_{D,2}$。结果,随着最低工资提高,失业人数增加了。

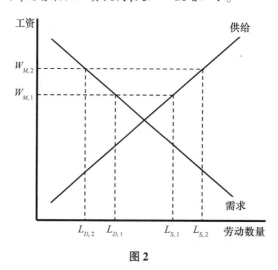

图2

7. 考虑一个有两个劳动市场——一个是制造业工人市场,另一个是服务业工人市场——的经济。假设这两个市场最初都没有工会。

a. 如果制造业工人成立了工会。你预期这对制造业的工资和就业会有什么影响?

b. 制造业劳动市场的这些变化对服务业劳动市场的供给会有什么影响? 这个劳动市场上的均衡工资与就业会有什么变动?

【解答】

a. 制造业劳动市场成立工会的影响如图3所示。在制造业劳动市场(左图),工资从无工会时的 W_{NU} 上升到有工会时的 W_U,劳动需求数量从无工会时的 L_{NU} 下降到有工会时的 L_{UD}。由于工资提高,劳动供给数量增加到工会劳动供给数量 L_{US},因此在有工会的制造业失业工人为 $L_{US} - L_{UD}$。

b. 如右图所示,当制造业失业工人在服务业市场寻找工作时,服务业劳动供给曲线从 S_1 右移到 S_2。这导致无工会组织的服务业工资从 W_1 下降到 W_2,就业人数从 L_1 上升到 L_2。

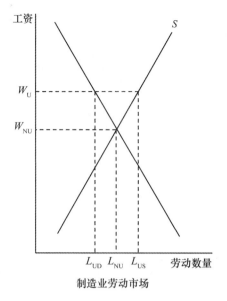

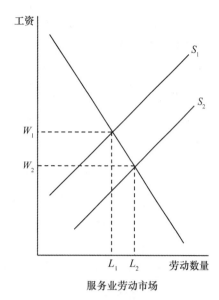

制造业劳动市场　　　　　　　服务业劳动市场

图 3

8. 结构性失业有时被认为是雇主要求的工作技能与工人的工作技能不匹配的结果。为了解释这种思想,考虑一个有两个部门——汽车制造业和飞机制造业——的经济。

a. 如果这两个行业的工人获得了相近的培训量,而且他们在开始职业生涯时可以选择参加哪一个行业的培训,你认为这两个行业的工资会如何?这个过程将持续多久?解释之。

b. 假设有一天该经济开放国际贸易,由此开始进口汽车并出口飞机。这两个行业的劳动需求会发生什么变化?

c. 假设一个行业的工人不能迅速地转移到另一个行业去。这种需求变动会如何影响短期和长期中的均衡工资?

d. 如果由于某些原因,工资不能调整到新的均衡水平,会出现什么情况?

【解答】

a. 两个行业的工资一样。如果不一样,新工人将会选择工资更高的行业,从而使得该行业工资下降。

b. 如果该国开始进口汽车,则对国内汽车工人的需求量会下降。

　如果该国开始出口飞机,则对该国飞机行业工人的需求量会上升。

c. 在短期内,汽车行业工人工资会下降,飞机行业工人工资会上升。一段时间内,飞机行业将不断有新工人增加从而导致工资下降,直到两个行业工资相等为止。

d. 如果工资不能调整到均衡水平,将会导致飞机行业工人短缺,汽车行业工人过剩(失业)。

9. 假设国会通过了要求雇主为雇员提供某种津贴(例如医疗)的法律,该法律使雇用一名雇员的成本每小时增加了4美元。

   a. 这种对雇主的规定对劳动需求有什么影响?(在回答这一问题和以下问题时,最好用定量分析。)

   b. 如果雇员认为这种津贴的价值正好等于其成本,那么这种对雇主的规定对劳动供给有什么影响?

   c. 如果工资能够自由地使供求平衡,那么这一法律对工资和就业水平有什么影响?雇主的状况变好了还是变坏了?雇员的状况变好了还是变坏了?

   d. 假定在未通过这项规定之前,市场上的工资高于最低工资3美元。在这种情况下,对雇主的这条规定如何影响工资、就业水平和失业水平?

   e. 现在假设工人根本不认为所规定的津贴有价值。这种不同的假设是否会改变你对以上(b)和(c)的回答?

【解答】

   a. 如果在该法律规定出台前,企业没有提供此种津贴,这会导致劳动需求曲线在每一单位数量上向左移动4美元,因为给定该津贴的成本,企业将不愿意支付像之前一样高的工资。

   b. 如果雇员认为这种津贴的价值正好等于每小时4美元,那么他们将愿意为了减少了4美元的工资而工作同样的量,因此劳动供给曲线将会向右移动4美元。

   c. 劳动市场均衡如图4所示。由于需求曲线和供给曲线都移动了4美元,因此劳动的均衡数量没有变,但是均衡工资下降了4美元。雇员和雇主的状况跟原来一样。

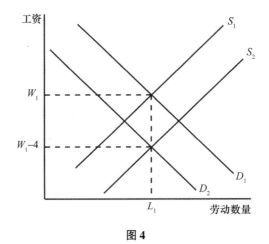

图4

   d. 如图5所示,如果最低工资使得工资不能降到新的均衡水平,这会导致失业人数的上升。在初始时,均衡点的劳动数量为L_1,均衡点工资为W_1,比最低工资W_m高出3美元。

法律规定通过后,需求降到 D_2,供给上升为 S_2。由于最低工资要求,使得劳动需求数量 L_{D2} 比劳动供给数量 L_{S2} 小,因此失业量等于 $L_{S2} - L_{D2}$。

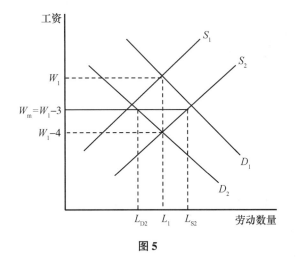

图 5

e. 如果工人根本不认为所规定的津贴有价值,那么劳动供给曲线将不会变动。如图 6 所示,工资下降将少于 4 美元,均衡点的劳动数量也会下降。雇主的境况会变坏,因为他们现在支付更高的总工资(包括津贴)却招到更少的工人。雇员的境况也会变坏,因为他们得到更低的工资且就业岗位减少了。

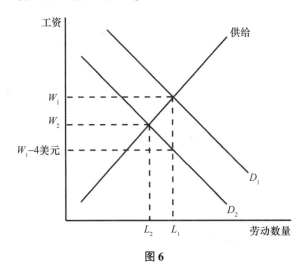

图 6

第 29 章
货币制度

学习目标

在本章中,学生应理解

- 什么是货币以及货币在经济中的各种职能;
- 什么是联邦储备体系;
- 银行体系如何有助于决定货币供给;
- 联邦储备体系是用什么工具来改变货币供给的。

内容与目的

第 29 章是论述长期中货币与价格的两章中的第一章。第 29 章解释了什么是货币,并说明了联邦储备体系如何控制货币量。由于长期中货币量影响通货膨胀率,因此下一章将集中论述通货膨胀的原因和成本。

第 29 章的目的是帮助学生理解什么是货币、货币的形式、银行体系如何有助于创造货币,以及联邦储备体系如何控制货币量。对货币的了解之所以重要,是因为货币量在长期中影响通货膨胀和利率,在短期中影响生产和就业。

要点

1. 货币是指人们经常用来购买物品与服务的资产。
2. 货币有三种职能:作为交换媒介,它提供用于进行交易的东西;作为计价单位,它提供记录价格和其他经济价值的方式;作为价值储藏手段,它提供把购买力从现在转移到未来的方式。
3. 像黄金这样的商品货币是有其内在价值的货币:即使它不作为货币也有其价值,像纸币这样的法定货币是没有内在价值的货币:如果它不作为货币就没有价值。
4. 在美国经济中,货币以通货和其他各类银行存款,例如支票账户的形式存在。

5. 联邦储备体系,即美国的中央银行,负责管理美国的货币体系。美联储主席每隔四年由总统任命并得到国会确认,他是联邦公开市场委员会的领导人。联邦公开市场委员会约每六周开一次会,考虑货币政策的变动。

6. 银行储户通过把他们的钱存到银行账户向银行提供资源。这些存款是银行负债的一部分。银行所有者也为银行提供资源(称为银行资本)。由于杠杆作用(为投资而借入资金),银行资产价值较小的变动就会引起银行资本价值较大的变动。为了保护储户,银行监管者要求银行持有一定的最低资本量。

7. 美联储主要通过公开市场操作来控制货币供给:购买政府债券增加货币供给,出售政府债券减少货币供给。美联储还可以用其他工具来控制货币供给。美联储可以通过降低贴现率,增加它对银行的贷款,降低法定准备金,或者降低准备金利率,来扩大货币供给。也可以通过提高贴现率,减少它对银行的贷款,提高法定准备金,或者提高准备金利率,来减少货币供给。

8. 当个人在银行有存款货币,并且银行把一些存款贷出去时,经济中的货币量就增加了。由于银行体系能够以这种方式影响货币供给,所以美联储对货币供给的控制是不完全的。

9. 美联储近年来确定了选择联邦储基金利率作为目标的货币政策,联邦基金利率是银行向另一家银行贷款的短期利率。当美联储要实现这个目标时,它会调整货币供给。

教材习题解答

即问即答

1. 列出并说明货币的三种职能。

【解答】

货币的三个职能是:(1) 交换媒介;(2) 计价单位;(3) 价值储藏手段。货币是一种交换媒介,因为货币是人们用来购买物品和服务的东西。货币是一种计价单位,因为货币是人们用来表示价格和记录负债的标准。货币可以储藏价值,因为人们通过它将购买力从现在转移到将来。

2. 联邦储备体系的主要职责是什么?如果美联储想增加货币供给,它通常怎么做?

【解答】

美联储的主要职责是管制银行,确保银行系统健康,控制货币数量来使得其在经济中得到有效利用。如果美联储想增加货币供给,它通常会创造美元,并使用美元在国债市场上公开购买政府债券。

3. ● 描述银行如何创造货币。

   ● 如果美联储想用所有政策工具来减少货币供给,它将怎么做?

   【解答】

   ● 当银行储存小部分存款,贷出剩余存款时,银行便创造了货币。

   ● 如果美联储想用所有政策工具来减少货币供给,它应该:(1) 从它的资产配置中通过公
   开市场出售它的政府债券来减少流通中的美元数量;(2) 增加存款准备金来减少银行的
   货币创造量;(3) 提高为存款准备金支付的利率,来增加银行选择持有的准备金;(4) 提高
   贴现率,不鼓励银行从美联储借钱。

复习题

1. 如何区分经济中的货币与其他资产?

   【解答】

   货币不同于经济中的其他资产,因为货币是流动性最大的资产。其他资产在流动性方面
   差别很大。

2. 什么是商品货币?什么是法定货币?我们用的是哪一种货币?

   【解答】

   商品货币是有内在价值的货币。例如黄金,除了当作交换媒介,其本身还有价值。法定货
   币是没有内在价值的货币。它除了当作交换媒介,没有其他价值。我们经济中使用的是
   法定货币。

3. 什么是活期存款?为什么活期存款应该包括在货币存量中?

   【解答】

   活期存款是储户通过开支票或使用借记卡随时支取的银行账户余额。活期存款应该包括
   在货币存量中,因为它们被当作交换媒介使用。

4. 谁负责制定美国的货币政策?这个团体是如何被选出来的?

   【解答】

   在美国,联邦公开市场委员会(FOMC)负责货币政策的制定。联邦公开市场委员由联邦储
   备委员会的7位理事和12个地区银行总裁(联邦储备银行总裁)中的5位组成。理事会
   成员由美国总统任命并得到参议院确认。联邦储备银行总裁由每个银行董事会选举
   产生。

5. 如果美联储想用公开市场操作增加货币供给,它应该怎么做?

【解答】

如果美联储想用公开市场操作增加货币供给,它会在公开市场上从公众手中购买美国政府债券。购买会增加公众手中的货币量,从而增加货币供给。

6. 为什么银行不持有100%的准备金?银行持有的准备金量与银行体系创造的货币量有什么关系?

【解答】

银行不持有100%的准备金是因为比起保留货币作为准备金,银行通过使用准备金发放贷款,可以获得利息。通过货币乘数,银行持有的准备金数量与银行系统创造的货币量相联系。银行持有的准备金越少,货币乘数越大,因为准备金的每一美元都可以创造更多的货币。

7. 银行A的杠杆率是10,而银行B的杠杆率是20。两家银行相似的贷款亏损使它们的资产价值下降了7%,哪一家银行表现出银行资本更大的变动?这两家银行仍然有偿还能力吗?解释之。

【解答】

银行B表现出更大的银行资本变动。资产的减少将会致使银行B无偿债能力,因为银行资本减少了140%,这会使得银行B的资产减少到低于其负债。银行A将会遭受一次大的银行资本降低(减少了70%),但是仍然具有偿债能力。

8. 什么是贴现率?当美联储提高贴现率时,货币供给会发生什么变动?

【解答】

贴现率是美联储向银行发放贷款的利率。如果美联储提高贴现率,更少的银行会从美联储借钱,因此银行准备金和货币供给将会降低。

9. 什么是法定准备金?当美联储提高法定准备金时,货币供给会发生什么变动?

【解答】

法定准备金是银行根据其存款必须持有的最低准备金量。法定准备金的增加提高了准备金率,降低了货币乘数,并减少了货币供给。

10. 为什么美联储不能完全控制货币供给?

【解答】

美联储不能完全控制货币供给是因为:(1) 美联储不能控制家庭选择以银行存款方式持有的货币量。(2) 美联储不能控制银行选择的贷款量。家庭和银行的行为影响了货币供给,使得美联储不能完全控制或预测货币供给。

快速单选

1. 货币不包括下列哪一项？
   a. 金属铸币
   b. 纸币通货
   c. 用信用卡可以获得的信贷金额
   d. 用借记卡可以得到的银行账户余额

2. Chloe 从他的钱包中拿出 100 美元并存入他的支票账户。如果银行把增加的 100 美元全作为准备金，货币供给_____，但如果银行把 100 美元中的一部分借出去，则货币供给_____。
   a. 增加,增加更多   b. 增加,增加不多
   c. 不变,增加   d. 减少,减少不多

3. 如果准备率是 1/4，中央银行增加了银行体系中的准备金 120 美元，货币供给将增加____美元。
   a. 90   b. 150   c. 160   d. 480

4. 一家银行资本为 200 美元，杠杆率为 5。如果这家银行的资产价格下降了 10%，那么，它的资本将减少____美元。
   a. 100   b. 150   c. 180   d. 185

5. 美联储以下的哪一种行为会减少货币供给？
   a. 在公开市场购买政府债券
   b. 降低银行的法定准备率
   c. 提高支付给准备金的利率
   d. 降低美联储借款的贴现率

6. 在一个部分准备金银行体系中，即使中央银行不采取任何行动，如果居民选择持有_____通货，或者如果银行选择持有_____超额准备金，货币供给也会减少。
   a. 更多,更多   b. 更多,更少
   c. 更少,更多   d. 更少,更少

【答案】　1. c　2. c　3. d　4. a　5. c　6. a

问题与应用

1. 下列哪一种是美国经济中的货币？哪一种不是？通过讨论货币三种职能中的每一种解释你的答案。

   a. 一美分

   b. 一墨西哥比索

   c. 一幅毕加索的油画

   d. 一张塑料信用卡

   【解答】

   a. 一美分在美国经济中属于货币，因为它被用于当作交换媒介，可以用来购买物品和服务；可以当作计价单位，因为商店中的价格是用美元或美分表示的；可以当作价值储藏手段，因为任何人都可以一直存着它。

   b. 一墨西哥比索在美国经济中不属于货币，因为它不能用来当作交换媒介；不能用来表示商品价格，所以不能当作计价单位。但是，可以当作价值储藏手段。

   c. 一幅毕加索油画不能当作货币，因为它不能用来交换物品和服务；不能用来表示商品价格。然而，它可以当作价值储藏手段。

   d. 一张塑料信用卡类似于货币，但它代表的是延迟支付而不是立即支付，因此信用卡不能完全当作交换媒介；也不能完全当作价值储藏手段，因为它表示的是短期借款而不是货币资产。

2. 你的叔叔通过开出他在第十国民银行支票账户上的一张 100 美元支票偿还了该银行的 100 美元贷款。用 T 型账户说明这种交易对你叔叔和银行的影响。你叔叔的财富变动了吗？解释原因。

   【解答】

   当你叔叔开出他在第十国民银行支票账户上的一张 100 美元支票偿还了该银行的 100 美元贷款时，你叔叔与银行的资产和债务都发生了变动，如下面两个表格所示。

你叔叔	
资产	负债
变动前：	
支票账户：100 美元	贷款：100 美元
变动后：	
支票账户：0 美元	贷款：0 美元

（续表）

第十国民银行			
资产		**负债**	
变动前:			
贷款:100 美元		存款:100 美元	
变动后:			
贷款:0 美元		存款:0 美元	

通过偿还贷款,你叔叔通过使用支票账户上的资产仅仅付清了未偿还的贷款。你叔叔的财富没有发生变动:他只不过有了更少的资产和更少的债务而已。

3. 伯列戈瑞德州银行(Beleaguered State Bank, BSB)有2.5亿美元存款,并保持10%的准备金率。

   a. 列出 BSB 的 T 型账户。

   b. 现在假设 BSB 最大的储户从其账户上提取了1 000万美元现金。如果 BSB 决定通过减少在外贷款量来恢复其准备金率水平,说明它的新 T 型账户。

   c. 解释 BSB 的行动对其他银行的影响。

   d. 为什么 BSB 采取(b)中所描述的行动是困难的？讨论 BSB 恢复其原来准备金率水平的另一种方法。

【解答】

a. BSB 的 T 型账户如下:

伯列戈瑞德州银行			
资产		**负债**	
准备金	2 500 万美元	存款	25 000 万美元
贷款	22 500 万美元		

b. 当 BSB 最大的储户提了1 000万美元现金,BSB 通过减少其贷款以保持相同的存款准备金率,它的新 T 型账户如下:

伯列戈瑞德州银行			
资产		**负债**	
准备金	2 400 万美元	存款	24 000 万美元
贷款	21 600 万美元		

c. BSB 减少其贷款,其他银行将会发现自己准备金短缺,从而其他银行也会减少贷款。

d. BSB 将会发现立即减少贷款是困难的,因为它不能强迫人们提早偿还贷款。与之相反,它可以停止发放新的贷款,但是这段时间内的贷款仍旧超过自己想要的贷款量。它可以通过额外的准备金来吸收额外存款,也可以从其他银行或美联储借款。

4. 你拿出放在床垫下的 100 美元并存入你的银行账户。如果这 100 美元作为准备金留在银行体系中，并且银行持有的准备金等于存款的 10%，那么银行体系的存款总量会增加多少？货币供给会增加多少？

【解答】

如果你把持有的 100 美元当作流通货币并存到银行体系中，那么银行体系的总存款数会增加 1 000 美元，因为 10% 的准备金率意味着货币乘数为 1/0.10 = 10。因为存款增加了 1 000 美元但是流通货币减少了 100 美元，因此货币供给增加了 900 美元。

5. Happy 银行开始时有银行资本 200 美元，然后它吸收了 800 美元存款。它将存款的 12.5%（1/8）作为准备金，并将其余资产用于发放贷款。

   a. 列出 Happy 银行的资产负债表。

   b. Happy 银行的杠杆率是多少？

   c. 假定 Happy 银行的借款者有 10% 违约，而且这些银行贷款变得一文不值。列出该银行新的资产负债表。

   d. 银行的总资产减少了百分之几？银行的资本减少了百分之几？哪个变化大？为什么？

【解答】

   a. Happy 银行的资产负债表如下：

Happy 银行			
资产		负债	
准备金	100 美元	存款	800 美元
贷款	900 美元	银行资本	200 美元

   b. 杠杆率 = 1 000 美元/200 美元 = 5。

   c. Happy 银行的新资产负债表如下：

Happy 银行			
资产		负债	
准备金	100 美元	存款	800 美元
贷款	810 美元	银行资本	110 美元

   d. 资产下降了 9%。银行资本下降了 45%。银行资本的下降幅度大于资产的下降幅度，因为所有的违约贷款都要用银行资本来弥补。

6. 美联储进行 1 000 万美元政府债券的公开市场购买。如果法定准备金率是 10%，那么引起的货币供给的最大可能增加量是多少？解释原因。最小可能增加量又是多少？解释原因。

【解答】

如果银行不持有超额准备金,人们也不持有额外流通货币,法定准备金率是 10% 时,货币乘数为 $1/0.10=10$。因此 1 000 万美元的公开市场购买,所引起的货币供给的最大可能增加量是 10 000 万美元。如果银行把所有持有的钱都当作准备金,则最小可能增加量是 1 000 万美元。

7. 假设法定准备金率是 5%。在其他条件相同的情况下,如果美联储购买价值 2 000 美元的债券,或者如果某人把藏在曲奇罐中的 2 000 美元存入银行,那么货币供给会增加得更多吗?如果可以创造更多货币,那么它可以创造多少货币?证明你的思考。

【解答】

美联储购买价值 2 000 美元的债券会使货币供给增加更多。两者的存款都会导致货币扩张,但美联储存款是创造货币。法定准备金率 5%,则货币乘数为 $20\times(1/0.05)$。美联储的 2 000 美元会增加货币供给 40 000 美元(2 000 美元 ×20)。曲奇罐的 2 000 美元作为流通货币,已经是货币供给中的一部分。所以当它作为存款时,货币供给增加了 38 000 美元。存款增加了 40 000 美元(2 000 美元 ×20),但是流通货币减少了 2 000 美元。

8. 假设支票存款的法定准备金率是 10%,而且银行没有持有任何超额准备金。

   a. 如果美联储出售 100 万美元政府债券,那么这对经济中的准备金和货币供给有什么影响?

   b. 现在假设美联储把法定准备金率降低到 5%,但银行选择再把另外 5% 的存款作为超额准备金。银行为什么要这样做?这些行动使货币乘数和货币供给如何变动?

【解答】

a. 法定准备金率是 10%,而且银行没有持有任何超额准备金,则货币乘数为 $1/0.10=10$。如果美联储出售 100 万美元政府债券,则准备金下降 100 万美元,货币供给会减少 1 000 万美元(10×100 万美元)。

b. 如果银行需要持有准备金作为日常运作,比如为客户交易支付其他银行、找零钱、现金工资等,那么银行希望持有超额准备金。如果银行增加的超额准备金没有改变总的准备金率,那么货币乘数不会变化,从而也就不存在对货币供给的影响。

9. 假设银行体系的总准备金为 1 000 亿美元,再假设法定准备金是支票账户存款的 10%,而且银行没有超额准备金,家庭也不持有通货。

   a. 货币乘数是多少?货币供给是多少?

   b. 如果现在美联储把法定准备金提高到存款的 20%,那么准备金会有什么变动?货币供给会有什么变动?

【解答】

a. 如果银行仅持有10%的法定准备金,那么货币乘数为1/0.10＝10。因为准备金为1000
   亿美元,那么货币供给为 $10 \times 1\,000$ 亿美元＝10000亿美元。

b. 如果法定准备金率提高到20%,则货币乘数降为1/0.20＝5。准备金为1000亿美元
   时,货币供给将会降到5000亿美元,下降了5000亿美元。准备金没有变化。

10. 假设法定准备金率是20%。再假设银行并不持有超额准备金,而且公众也不持有现金。
    美联储决定,它要扩大货币供给4000万美元。

    a. 如果美联储使用公开市场操作,那么它是要购买还是要出售债券?

    b. 为了达到这一目的,美联储需要购买或出售多少债券? 解释之。

    【解答】

    a. 为了扩大货币供给,美联储应当购买债券。

    b. 法定准备金率是20%,则货币乘数为1/0.20＝5。因此,为了扩大货币供给4000万美
       元,美联储应当购买800万美元(4000万美元/5)的债券。

11. Elmendyn 经济中有2000张1美元的纸币。

    a. 如果人们把所有货币作为通货持有,那么货币量是多少?

    b. 如果人们把所有货币作为活期存款持有,并且银行保持100%的准备金,那么货币量
       是多少?

    c. 如果人们持有等量的通货和活期存款,并且银行保持100%的准备金,那么货币量是
       多少?

    d. 如果人们把所有货币作为活期存款持有,并且银行保持10%的准备金率,那么货币量
       是多少?

    e. 如果人们持有等量的通货和活期存款,并且银行保持10%的准备金率,那么货币量是
       多少?

    【解答】

    a. 如果人们把所有货币作为流通货币,那么货币量为2000美元。

    b. 如果人们把所有货币作为活期存款持有,并且银行保持100%的准备金,那么货币量
       是2000美元。

    c. 如果人们有1000美元的流通货币和1000美元的活期存款,那么货币量是2000美元。

    d. 如果银行保持10%的准备金率,那么货币乘数是1/0.10＝10。因此,如果人们把所有
       货币作为活期存款,那么货币量为20000美元($10 \times 2\,000$ 美元)。

e. 如果人们持有等量的流通货币(C)和活期存款(D),并且准备金的货币乘数为10,那么这两个方程必须满足:

(1) $C=D$,使得人们拥有等量流通货币和活期存款;

(2) $10 \times (2\,000\ \text{美元} - C) = D$,即货币乘数(10)乘以没有被人们持有的美元量(2\,000 美元 $-C$)等于活期存款量(D)。把第一个方程代入第二个方程中,得:$10 \times (2\,000\ \text{美元} - D) = D$,即 20\,000 美元 $-10D = D$,因此 $D = 1\,818.18$ 美元。因此,$C = 1\,818$ 美元,所以货币量为 $C+D = 3\,636.36$ 美元。

第 30 章
货币增长与通货膨胀

学习目标

在本章中,学生应理解

- 为什么货币供给的迅速增长会引起通货膨胀;
- 古典二分法和货币中性的含义;
- 为什么一些国家会发行如此多的货币,以至于它们经历了超速通货膨胀;
- 名义利率如何对通货膨胀率作出反应;
- 通货膨胀给社会带来的各种成本。

内容与目的

第 30 章是论述长期中货币与物价的两章中的第二章。第 29 章解释了什么是货币,并说明了联邦储备体系如何控制货币量。第 30 章确定货币增长率和通货膨胀之间的关系。

本章的目的是使学生熟悉通货膨胀的原因与成本。学生将发现,在长期中货币增长率与通货膨胀之间存在紧密的关系。学生还将发现,高通货膨胀给经济带来了许多成本,但当通货膨胀适度时,对这些成本的重要性却没有达成共识。

要点

1. 经济中物价总水平的调整使货币供给与货币需求平衡。当中央银行增加货币供给时,就会引起物价水平上升。货币供给量的持续增长引起了持续的通货膨胀。

2. 货币中性原理断言,货币量变动只影响名义变量而不影响真实变量。大多数经济学家认为,货币中性近似地描述了长期中的经济行为。

3. 政府可以简单地通过印发货币来为自己的一些支出付款。当国家主要依靠这种通货膨胀税时,结果就是超速通货膨胀。

4. 货币中性原理的一个应用是费雪效应。根据费雪效应，当通货膨胀率上升时，名义利率等量上升，因此，真实利率仍然不变。

5. 许多人认为，通货膨胀使他们变穷了，因为通货膨胀提高了他们所买东西的成本。但这种观点是错误的，因为通货膨胀也提高了名义收入。

6. 经济学家确定了通货膨胀的六种成本：与减少货币持有量相关的皮鞋成本，与频繁地调整价格相关的菜单成本，相对价格变动的加剧，由于税法非指数化引起的意想不到的税收负担变动，由于计价单位变动引起的混乱和不方便，以及债务人与债权人之间任意的财富再分配。在超速通货膨胀时期，这些成本都是巨大的，但温和通货膨胀时期这些成本的大小并不清楚。

教材习题解答

即问即答

1. 一国政府把货币供给增长率从每年5%提高到每年50%，物价水平会发生什么变动？名义利率会发生什么变动？政府为什么要这样做？

【解答】

当一国政府把货币供给增长率从每年5%提高到每年50%之后，根据货币数量论，平均物价水平将会迅速上升。根据费雪效应，名义利率也会迅速上升。政府也许会增加货币供应来平衡自己的支出。

2. 列出并说明通货膨胀的六种成本。

【解答】

通货膨胀的六种成本有：（1）皮鞋成本；（2）菜单成本；（3）相对价格变动与资源配置不当；（4）通货膨胀引起的税收扭曲；（5）混乱和不方便；（6）财富任意再分配。皮鞋成本是由通货膨胀导致人们花费更多的资源去银行造成的。菜单成本是由人们花费资源来改变价格造成的。相对价格变动性是指通货膨胀造成物价普遍提高，固定价格相对下降，因此物品相对价格不断变化，使资源不能得到有效配置。通货膨胀和税收的相互作用导致激励扭曲，因为政府对人们的名义资本所得和利息征税而不是对实际资本所得和利息征税。通货膨胀弱化了货币作为计价单位的作用，造成了混乱和不方便。预期外的通货膨胀造成了借贷方的财富再分配。

复习题

1. 解释物价水平上升如何影响货币的真实价值。

   【解答】

   物价水平的上升减少了货币的真实价值,因为你钱包中的每一美元现在只能购买更少数量的物品和服务。

2. 根据货币数量论,货币量增加的影响是什么?

   【解答】

   根据货币数量论,货币数量的增加会导致物价水平的一定比例提高。

3. 解释名义变量与真实变量之间的差别,并各举出两个例子。根据货币中性原理,哪一个变量受货币量变动的影响?

   【解答】

   名义变量是以货币单位计量的变量,而实际变量是以实物单位计量的变量。名义变量的例子有物价和名义 GDP。实际变量的例子包括相对价格(相比于其他物品这项物品的价格)和实际工资。根据货币中性原理,只有名义变量会受到货币数量变化的影响。

4. 从什么意义上说,通货膨胀像一种税?把通货膨胀作为一种税如何有助于解释超速通货膨胀?

   【解答】

   通货膨胀像一种税是因为每一个持有货币的个人的购买力都下降了。在超速通货膨胀时,政府快速增加货币供给,并因此导致了更高的通货膨胀率。因此政府使用通货膨胀来征税而不是普通的征税方式,来平衡自身支出。

5. 根据费雪效应,通货膨胀率的上升如何影响真实利率与名义利率?

   【解答】

   根据费雪效应,通货膨胀率的上升使得名义利率同步上升,真实利率不受影响。

6. 通货膨胀的成本是什么?你认为这些成本中的哪一种对美国经济最重要?

   【解答】

   通货膨胀的成本包括与减少货币持有量相关的皮鞋成本,频繁调整物价的菜单成本,相对价格变动的提高,税法的非指数化导致税收负担的非预期变动,由于计价单位变化造成的混乱和不便,借贷方财富的任意再分配。美国的通货膨胀率一直处于较低而且稳定的水平,通货膨胀造成的上述几种成本在美国都不高。最重要的一点可能是通货膨胀和税收政策的相互作用,这导致即使通货膨胀率低,储蓄和投资仍减少了。

7. 如果通货膨胀比预期的低,谁会受益——债务人还是债权人? 解释之。

【解答】

如果通货膨胀比预期的低,债权人受益而债务人受损。债权人从债务人手中获得高于预期实际价值的还款。

快速单选

1. 货币中性的古典原理说明,货币供给变动不影响_____变量,而且这个原理更适合_____期。

   a. 名义,短   b. 名义,长

   c. 真实,短   d. 真实,长

2. 如果名义 GDP 为 400 美元,真实 GDP 为 200 美元,而货币供给为 100 美元,那么以下哪种表述是正确的?

   a. 物价水平是1/2,货币流通速度是2。

   b. 物价水平是1/2,货币流通速度是4。

   c. 物价水平是2,货币流通速度是2。

   d. 物价水平是2,货币流通速度是4。

3. 根据货币数量论,数量方程式中的哪一个变量在长期中是最稳定的?

   a. 货币   b. 货币流通速度

   c. 物价水平   d. 产量

4. 当政府有巨额预算_____,而中央银行要用大量货币_____为它筹资时,超速通货膨胀就发生了。

   a. 赤字,紧缩   b. 赤字,扩张

   c. 盈余,紧缩   d. 盈余,扩张

5. 根据货币数量论和费雪效应,如果中央银行提高货币增长率,那么以下哪种表述是正确的?

   a. 通货膨胀率和名义利率都上升。

   b. 通货膨胀率和真实利率都上升。

   c. 名义利率和真实利率都上升。

   d. 通货膨胀率、真实利率和名义利率都上升。

6. 如果一个经济总是每年通货膨胀10%，以下哪一项通货膨胀成本不会带来痛苦？

    a. 减少货币持有量引起的皮鞋成本。

    b. 由于更频繁地调整价格引起的菜单成本。

    c. 名义资本收益税的扭曲。

    d. 在债务人和债权人之间的任意的再分配。

【答案】　1. d　2. d　3. b　4. b　5. a　6. d

问题与应用

1. 假设今年的货币供给是5 000亿美元，名义GDP是10万亿美元，而真实GDP是5万亿美元。

    a. 物价水平是多少？货币流通速度是多少？

    b. 假设货币流通速度是不变的，而每年经济中物品与服务的产出增加5%。如果美联储保持货币供给不变，明年的名义GDP和物价水平是多少？

    c. 如果美联储想保持物价水平不变，它应该把明年的货币供给设定为多少？

    d. 如果美联储想把通货膨胀率控制在10%，它应该把货币供给设定为多少？

【解答】

本题中所有数量单位都是10亿。

    a. 名义GDP = $P \times Y$ = 10 000美元；Y = 实际GDP = 5 000美元；

        因此 $P = (P \times Y)/Y$ = 10 000美元/5 000美元 = 2。

        因为 $M \times V = P \times Y$，因此 $V = (P \times Y)/M$ = 10 000美元/500美元 = 20

    b. 如果 M 和 V 不变并且 Y 提高5%，因为 $M \times V = P \times Y$，P 必须降低5%。此时名义GDP不变。

    c. 为了保持物价水平不变，美联储必须提高5%的货币供应来匹配真实GDP的增加。因为流通速度不变，物价水平将会保持稳定。

    d. 如果美联储想要将通货膨胀率控制在10%，它将提高15%的货币供应量。此时 $M \times V$ 将会提高15%，使得 $P \times Y$ 也同步提高15%，其中物价上升10%，真实GDP上升5%。

2. 假设银行规定的变动扩大了信用卡的可获得性，因此人们需要持有的现金少了。

    a. 这个事件如何影响货币需求？

    b. 如果美联储没有对这个事件做出反应，物价水平将发生什么变动？

    c. 如果美联储想保持物价水平稳定，它应该做什么？

【解答】

a. 如果人们持有更少的现金,因为在任意物价水平上都有更少的货币需求,对货币的需求曲线向左移动。

b. 如果美联储对这个事件没有做出反应,在货币供应量没有变化的情况下,需求曲线的左移将导致货币价值的下降($1/P$),如图1所示,这意味着物价水平提高了。

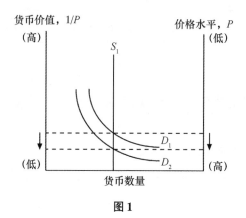

图1

c. 如果美联储想保持物价稳定,它应该如图2所示将货币供应量从 S_1 减少到 S_2。这会导致货币供给曲线向左移动与货币需求曲线移动相同的距离。最终货币价值和物价水平都没有变化。

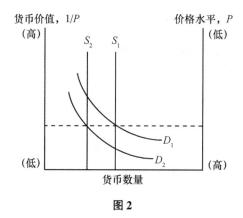

图2

3. 有时有人建议,美联储应努力把美国的通货膨胀率降为零。如果我们假设货币流通速度不变,零通货膨胀目标是否要求货币增长率也等于零? 如果是的话,解释原因。如果不是的话,说明货币增长率应该等于多少?

【解答】

货币流通速度不变时,根据货币数量论($M \times V = P \times Y$),将通货膨胀率减少到零需要货币增长率与产出增长率相同。

4. 假设一个国家的通货膨胀率急剧上升。对货币持有者征收的通货膨胀税会发生什么变动？为什么储蓄账户中持有的财富不受通货膨胀税变动的影响？你认为会有哪些方式使储蓄账户持有者受到通货膨胀率上升的伤害？

【解答】

假设一个国家的通货膨胀率急剧上升，对货币持有者征收的通货膨胀税会显著增加。储蓄账户的财富不会受通货膨胀税变化影响，因为名义利率会随着通货膨胀率的上升而上升。但储蓄账户持有者仍然会因通货膨胀率上升而受损，因为他们的税收是按照名义利率来收取的，因此他们的实际收益将减少。

5. 考虑在一个只由两个人组成的经济中通货膨胀的影响：Bob 是种黄豆的农民，Rita 是种大米的农民。他们俩总是消费等量的大米和黄豆。在 2013 年，黄豆价格是 1 美元，大米价格是 3 美元。

a. 假设 2014 年黄豆价格是 2 美元，而大米价格是 6 美元。通货膨胀率是多少？Bob 的状况是变好了、变坏了，还是不受价格变动的影响？Rita 呢？

b. 现在假设 2014 年黄豆价格是 2 美元，大米价格是 4 美元。通货膨胀率是多少？Bob 的状况是变好了、变坏了，还是不受价格变动的影响？Rita 呢？

c. 最后，假设 2014 年黄豆价格是 2 美元，大米价格是 1.5 美元。通货膨胀率是多少？Bob 的状况是变好了、变坏了，还是不受价格变动的影响？Rita 呢？

d. 对 Bob 和 Rita 来说什么更重要——是整体通货膨胀率，还是黄豆与大米的相对价格？

【解答】

a. 一年内，当两种物品的价格都翻倍时，通货膨胀率是 100%。让我们假定市场篮子等于一单位的这两种物品。市场篮子初始的成本是 4 美元，在第二年变为 8 美元。因此，通货膨胀率是(8 美元 − 4 美元)/4 美元 × 100% = 100%。因为所有物品的价格都上涨了 100%，农民们的收入随着物价的 100% 上涨也增加了 100%，因此 Bob 和 Rita 都不受价格变化的影响。

b. 如果黄豆的价格上升到 2 美元而大米的价格上升到 4 美元，在第二年市场篮子的成本是 6 美元。这意味着通货膨胀率是(6 美元 − 4 美元)/4 美元 × 100% = 50%。Bob 的收益为原来的 2 倍(增加了 100%)，而通货膨胀率仅为 50%，因此他的状况变好了。Rita 的状况变坏了，因为通货膨胀率为 50%，因此他购买的物品价格上升速度快于他出售的物品(大米)的价格上升速度，后者仅上升了 33%。

c. 如果黄豆的价格上升到 2 美元而大米的价格下降到 1.50 美元，在第二年市场篮子的成本是 3.50 美元。这意味着通货膨胀率是(3.5 美元 − 4 美元)/4 美元 × 100% = −12.5%。Bob 的收益为原来的 2 倍(增加了 100%)，而物价下降了 12.5%，因此他的状况变好了。Rita 购买的物品价格没有他出售的物品(大米)价格下降得快,前者下降了 12.5%,后者下降了 50%,因此他的状况变坏了。

d. 对 Bob 和 Rita 来说,黄豆和大米的相对价格比整体的通货膨胀率更重要。如果某个人生产的物品价格上升幅度超过通货膨胀率,那么他的生活状况将会变好。如果某个人生产的物品价格上升幅度低于通货膨胀率,那么他的生活状况将会变坏。

6. 如果税率是 40%,计算下述每种情况下的税前真实利率和税后真实利率:

a. 名义利率是 10%,通货膨胀率是 5%。

b. 名义利率是 6%,通货膨胀率是 2%。

c. 名义利率是 4%,通货膨胀率是 1%。

【解答】

下表显示了相关的计算结果:

	a	b	c
(1) 名义利率(%)	10.0	6.0	4.0
(2) 通货膨胀率(%)	5.0	2.0	1.0
(3) 税前真实利率(%)	5.0	4.0	3.0
(4) 40% 的税收造成名义利率下降(%)	4.0	2.4	1.6
(5) 税后名义利率(%)	6.0	3.6	2.4
(6) 税后真实利率(%)	1.0	1.6	1.4

第(3)行等于第(1)行减去第(2)行。

第(4)行等于 0.40 乘以第(1)行。

第(5)行等于(1-0.40)乘以第(1)行,也等于第(1)行减去第(4)行。

第(6)行等于第(5)行减去第(2)行。

注意,尽管在(a)情况下有最高的税前真实利率,但也有最低的税后真实利率。税后真实利率比税前真实利率低得多。

7. 回忆一下货币在经济中执行的三种职能。这三种职能是什么?通货膨胀如何影响货币执行每一种职能的能力?

【解答】

货币的三种职能是:交换媒介、计价单位和价值储藏手段。通货膨胀主要影响货币作为价值储藏手段的职能,因为通货膨胀侵蚀了货币的购买力,使得货币作为价值储藏手段缺乏吸引力。在通货膨胀时,货币作为计价单位的职能也减弱了,因为商店不得不经常改动物价,而且人们也会由货币价值的变化而产生困惑和不方便。在某些有超速通货膨胀的国家,即使本国的货币仍能作为交换媒介,商店仍会选择使用更加稳定的货币标价,如美元。

有时,一些国家和地区甚至停止使用当地的货币并将某个外国货币作为交换媒介。

8. 假设人们预期通货膨胀率等于3%,但实际上物价上升了5%。描述这种未预期到的高通货膨胀率是帮助还是损害了以下主体:

a. 政府

b. 有固定利率抵押贷款的房主

c. 签订劳动合同第二年的工会工人

d. 把其某些资金投资于政府债券的大学

【解答】

a. 未预期到的高通货膨胀率帮助政府得到更高的税收并减少了政府负债的真实价值。

b. 未预期到的高通货膨胀率帮助有固定利率抵押贷款的房主,因为他只需支付基于预期通货膨胀率的一个固定名义利率,此时的还款实际利率低于预期。

c. 未预期到的高通货膨胀率损害了签订劳动合同第二年的工会工人,因为合同规定的名义工资很可能是基于预期的通货膨胀率。结果就是工人得到了一份低于预期的实际工资。

d. 未预期到的高通货膨胀率损害了把某些基金投资于政府债券的大学,因为更高的通货膨胀率意味着大学收到了一个比预期更低的实际利率。(假设大学没有购买指数国债。)

9. 说明以下陈述是正确的、错误的,还是不确定的。

a. "通货膨胀损害了债务人的利益而帮助了债权人,因为债务人必须支付更高的利率。"

b. "如果价格以一种使物价总水平不变的方式变动,那么没有一个人的状况会变得更好或更坏。"

c. "通货膨胀并没有降低大多数工人的购买力。"

【解答】

a. 错误。预期通货膨胀率上升意味着债务人支付了一个更高的的名义利率,但实际利率相同,因此债务人的状况并没有变坏,债权人的状况也没有变好。另一方面,未预期的通货膨胀率上升使债务人状况变好,债权人状况变坏。

b. 错误。即使物价总水平不变,相对价格的变动也会使某些人的状况变得更好而其他人的状况变得更坏。第6题陈述了这个情况。

c. 正确。大多数工人的收入水平与通货膨胀之间保持较为一致的变动关系。

第 31 章
开放经济的宏观经济学

学习目标

在本章中,学生应理解

- *净出口如何衡量物品与服务的国际流动;*
- *资本净流出如何衡量资本的国际流动;*
- *为什么净出口必然总等于资本净流出;*
- *储蓄、国内投资和资本净流出如何相关;*
- *名义汇率和真实汇率的含义;*
- *购买力平价理论如何确定汇率。*

内容与目的

第 31 章是论述开放经济的宏观经济学的两章中的第一章。第 31 章提出了与国际环境下宏观经济学相关的基本概念和名词:净出口、资本净流出、真实汇率与名义汇率,以及购买力平价理论。下一章,即第 32 章,将建立一个说明这些变量如何同时被确定的开放经济的宏观经济模型。

第 31 章的目的是提出宏观经济学家研究开放经济时使用的基本概念。本章也阐述了为什么一国的净出口必然等于其资本净流出,真实汇率与名义汇率的概念,并提出了一种被称为购买力平价的汇率决定理论。

要点

1. 净出口是在国外销售的国内生产的物品与服务的价值(出口)减去在国内销售的国外物品与服务的价值(进口)。资本净流出是本国居民获得的外国资产(资本流出)减去外国人获得的本国资产(资本流入)。由于每一次国际交易都包括资产与物品或服务的交换,所以一个经济的资本净流出总是等于其净出口。

2. 一个经济的储蓄既可以用于为国内投资筹资,又可以用于购买国外资产。因此,国民储蓄等于国内投资加资本净流出。

3. 名义汇率是两国通货的相对价格,而真实汇率是两国物品与服务的相对价格。当名义汇率变动致使每美元能购买更多的外国通货时,可以说美元升值或者坚挺。当名义汇率变动致使每美元只能购买较少的外国通货时,可以说美元贬值或者疲软。

4. 根据购买力平价理论,一美元(或者一单位任何一种其他通货)应该能在所有国家购买等量的物品。这种理论意味着两国通货之间的名义汇率应该反映这两个国家的物价水平。因此,有较高通货膨胀的国家的通货应该贬值,而有较低通货膨胀的国家的通货应该升值。

教材习题解答

即问即答

1. 给出净出口与资本净流出的定义,并说明它们如何相关。

【解答】

净出口是指一个国家的出口值减去进口值,也称为贸易余额。净资本流出是指本国居民购买的外国资产减去外国人购买的本国资产。净出口等于资本净流出。

2. • 给出名义汇率与真实汇率的定义,并解释它们如何相关。

• 如果名义汇率从 1 美元兑 100 日元上升到 120 日元,美元是升值了还是贬值了?

【解答】

• 名义汇率是指一个人可以用一国货币交换另一国货币的比率。真实汇率是指一个人可以用一国的物品和服务交换另一国的物品和服务的比率。真实汇率等于名义汇率乘以本国价格除以外国价格。

• 如果实际汇率从 1 美元兑换 100 日元上升到 120 日元,那么美元就升值了,因为 1 美元现在可以兑换更多日元。

3. 过去 20 年间,墨西哥通货膨胀一直较高,而日本通货膨胀一直较低。你预测一个人用 1 日元可以购买的墨西哥比索数量会发生什么变动?

【解答】

因为墨西哥有较高的通货膨胀并且日本有较低的通货膨胀,因此一个人用日元购买的墨西哥比索数量增加了。

复习题

1. 定义净出口与资本净流出。解释它们如何相关以及为什么相关。

   【解答】

   净出口是指一个国家的出口值减去进口值,也被称为贸易余额。净资本流出是指本国居民购买的外国资产减去外国人购买的本国资产。从会计角度讲,净出口等于资本净流出,因为从一个国家到另一个国家的出口与第二个国家向第一个国家的资产支付是匹配的。

2. 解释储蓄、投资和资本净流出之间的关系。

   【解答】

   储蓄等于国内投资加资本净流出。因为,任何的存款资金都可以被用于国内金融资本积累或者用于国外投资。

3. 如果一辆日本汽车的价格为 50 万日元,一辆类似的美国汽车的价格为 1 万美元,并且 1 美元可以兑换 100 日元,那么名义汇率与真实汇率分别为多少?

   【解答】

   如果 1 美元可以兑换 100 日元,名义汇率为 100 日元/美元。真实汇率 = 名义汇率 × 国内价格/国外价格。这等于 100 日元/美元 × 10 000 美元(每辆美国汽车)/500 000 日元(每辆日本汽车),这相当于,1 辆美国汽车等于 2 辆日本汽车。

4. 描述购买力平价理论背后的经济逻辑。

   【解答】

   购买力平价理论的经济逻辑在于,同一种物品在不同地区应该以相同的价格出售。否则,人们可以通过套利来获得收益。

5. 如果美联储开始大量印发美元,1 美元所能购买的日元数量会有什么变化? 为什么?

   【解答】

   如果美联储开始大规模印发美元,美国的价格水平将会上升,1 美元所能购买的日元数量会减少,因为美元减弱了它所能购买的物品和服务的价值以及它所能购买的其他货币的数量。

快速单选

1. 比较今天与 1950 年的美国经济,你会发现今天出口和进口占 GDP 的百分比_____。

   a. 都提高了　　　　　　　　　　　　b. 都降低了

c. 出口提高了,进口降低了　　　　　　　d. 出口降低了,进口提高了

2. 在一个开放经济中,国民储蓄等于国内投资_____。

    a. 加国外资本净流出　　　　　　　　b. 减物品与服务净出口

    c. 加政府预算赤字　　　　　　　　　d. 减外国有价证券投资

3. 如果一国的进口值超过出口值,以下哪种情况不正确?

    a. 净出口为负。

    b. GDP 小于消费、投资与政府购买的总和。

    c. 国内投资大于国民储蓄。

    d. 一国有资本净流出。

4. 如果一国通货在外汇市场上价值翻了一番,就可以说这种通货_____了,反映了_____汇率的变动。

    a. 升值,名义　　　b. 升值,真实　　　c. 贬值,名义　　　d. 贬值,真实

5. 如果一杯咖啡在巴黎为 2 欧元,在纽约为 6 美元,并且购买力平价理论成立,那么汇率是_____。

    a. 每美元兑 1/4 欧元　　　　　　　b. 每美元兑 1/3 欧元

    c. 每美元兑 3 欧元　　　　　　　　d. 每美元兑 4 欧元

6. 购买力平价理论认为,一国的通货膨胀高就引起本国通货_____,而_____汇率不变。

    a. 升值,名义　　　　　　　　　　b. 升值,真实

    c. 贬值,名义　　　　　　　　　　d. 贬值,真实

【答案】　1. a　2. a　3. d　4. a　5. b　6. d

问题与应用

1. 下列这些交易如何影响美国的出口、进口以及净出口?

    a. 一位美国艺术系教授利用暑假参观欧洲的博物馆。

    b. 巴黎的学生纷纷去观看最新的好莱坞电影。

    c. 一个美国人购买了一辆新沃尔沃汽车。

    d. 英国牛津大学的学生书店卖了一本《经济学原理(第 7 版)》的教材。

    e. 加拿大公民为了避开加拿大的销售税,在佛蒙特州北部的一家商店购物。

【解答】

a. 一个美国艺术教授暑假参观欧洲的博物馆,她购买了外国的物品和服务。因此美国的出口不变,进口增加,净出口减少。

b. 巴黎的学生纷纷去看最新的好莱坞电影,外国人购买了美国的物品,因此美国的出口增加,进口不变,净出口增加。

c. 一个美国人购买了一辆新沃尔沃汽车,一个美国人购买了外国的物品,因此,美国的出口不变,进口增加,净出口减少。

d. 牛津大学的学生书店出售了一本教材,外国人购买了美国的物品,因此美国出口增加,进口不变,净出口增加。

e. 加拿大公民为了避开加拿大的销售税,在佛尔蒙特州北部的一家商店购物,外国人购买了美国的物品,因此美国出口增加,进口不变,净出口增加。

2. 以下每一项交易应该包括在净出口中还是资本净流出中?确切地说出每一项交易是代表那种变量的增加还是减少?

a. 一个美国人买了一台索尼牌电视机。

b. 一个美国人买了索尼公司的股票。

c. 索尼公司的养老基金购买了美国财政部发行的债券。

d. 一个日本索尼工厂的工人购买了美国农民种的一些佐治亚州桃子。

【解答】

a. 一个美国公民购买了一台索尼牌电视机,净出口减少。

b. 一个美国人买了索尼公司的股票,净资本流出增加。

c. 索尼公司的养老基金购买了美国财政部发行的债券,资本净流出减少。

d. 一个日本索尼工厂的工人购买了美国农民种的佐治亚州桃子,净出口增加。

3. 描述外国直接投资与外国有价证券投资之间的差别。谁更有可能进行外国直接投资——公司还是个人投资者?谁更有可能进行外国有价证券投资?

【解答】

国外直接投资要求主动管理投资,例如在国外开了一家零售店。国外有价证券投资是被动的,例如购买国外零售企业的公司债券。因此,公司更有可能进行外国直接投资,个人更有可能进行外国有价证券投资。

4. 下列交易如何影响美国的资本净流出?此外,说明每一项是直接投资,还是有价证券投资。

a. 美国一家移动电话公司在捷克共和国建立了一个办事处。

b. 伦敦的 Harrod 公司把股票卖给通用电气公司的养老基金。

c. 本田公司扩大其在俄亥俄州 Marysville 的工厂。

d. Fidelity 共同基金把其大众汽车公司的股票卖给一个法国投资者。

【解答】

a. 美国一家移动电话公司在捷克共和国建立了一个办事处,美国的资本净流出增加,因为美国公司在国外进行了直接资本投资。

b. 伦敦的 Harrod 公司把股票卖给了通用电气公司的养老基金,美国的资本净流出增加,因为美国公司在国外进行了证券投资。

c. 本田公司扩大其在俄亥俄州 Marysville 的工厂,美国净资本流出下降,因为外国公司在美国进行了直接资本投资。

d. Fidelity 共同基金把其大众汽车公司的股票卖给一个法国投资者,美国资本净流出减少(如果法国投资者用美元支付),因为美国公司减少了在国外的证券投资。

5. 如果美元升值,下列每一个群体的人是高兴还是不高兴?解释之。

   a. 持有美国政府债券的荷兰养老基金。

   b. 美国制造业。

   c. 计划到美国旅游的澳大利亚旅游者。

   d. 一家想购买国外资产的美国企业。

【解答】

a. 持有美国政府债券的荷兰养老基金的群体将会高兴。通过他们所持有的美国政府债券,他们将能得到更多的欧元。一般情况下,如果你在国外投资,那么该国的货币升值,你就会感到高兴。

b. 美国制造业者将会不高兴。因为相对于外国货币,它们的产品价格将会更高,会导致他们的销售量减少。

c. 计划到美国旅游的澳大利亚旅游者会不高兴。因为每一元澳大利亚币换得的美元减少了,导致他们的旅行变得更加昂贵。

d. 想购买外国资产的美国企业会高兴,因为美元升值意味着企业将获得更多的外币,从而购买到更多的资产。

6. 在下列每一种情况下,美国的真实汇率会发生什么变动?解释之。

   a. 美国的名义汇率不变,但美国的物价上升快于国外。

   b. 美国的名义汇率不变,但国外的物价上升快于美国。

   c. 美国的名义汇率下降,但美国和国外的物价都没有变。

d. 美国的名义汇率下降,并且国外物价的上升快于美国。

【解答】

所有这个部分的问题都可以通过记住真实汇率的定义来解答。真实汇率等于名义汇率乘以本国的价格除以国外的价格。

a. 当美国的名义汇率未变,物价上升快于国外时,美国的真实汇率会上升。

b. 当美国的名义汇率未变,但国外的物价上升快于美国时,美国的真实汇率会下降。

c. 当美国的名义汇率下降,美国和国外的物价都没有变时,美国的真实汇率会下降。

d. 当美国的名义汇率下降,国外的物价上升快于美国时,美国的真实汇率会下降。

7. 一罐软饮料在美国的价格为 0.75 美元,在墨西哥在价格为 12 比索。如果购买力平价理论成立,那么比索与美元之间的汇率是多少?如果货币扩张引起墨西哥的物价翻了一番,以致软饮料价格上升到 24 比索,那么比索与美元之间的汇率会发生什么变动?

【解答】

如果购买力平价理论成立,那么 12 比索/罐除以 0.75 美元/罐,相当于汇率是 16 比索/美元。如果墨西哥的价格上升 1 倍,则汇率会变成 32 比索/美元。

8. 假设美国大米每蒲式耳卖 100 美元,日本大米每蒲式耳卖 16 000 日元,并且名义汇率是 1 美元兑 80 日元。

a. 解释你如何从这种情况中赚到利润。每蒲式耳大米你能赚到多少利润?如果其他人利用同样的机会,日本和美国的大米价格会发生什么变动?

b. 假设大米是世界上唯一的商品。美国和日本之间的真实汇率会发生什么变动?

【解答】

a. 为了获利,你将哪儿便宜在哪儿购买大米,哪儿贵在哪儿卖。因为美国大米是 100 美元/蒲式耳,汇率为 80 日元/美元,因此美国大米的成本是 $100 \times 80 = 8\,000$ 日元/蒲式耳。因此 8 000 日元/蒲式耳的美国大米比 16 000 日元/蒲式耳的日本大米便宜,因此,你会拿 8 000 日元兑换 100 美元,然后购买美国大米,并在日本以 16 000 日元出售,获利 8 000 日元。当人们都这么做时,美国大米的需求会上升,美国大米的价格会下降,同时日本大米的供给会增加,从而导致日本大米的价格下降,这个过程会一直持续到两个国家大米的价格相同为止。

b. 如果大米是世界上唯一的商品,美国和日本之间的真实汇率刚开始很低,随着人们在美国购买大米并在日本出售,在长期均衡中,真实汇率将变为 1。

9. 本章的案例研究用巨无霸的价格分析了几个国家的购买力平价。下面是其他几个国家的数据:

国家	巨无霸的价格	预期的汇率	现实汇率
智利	2 050 比索	_____比索/美元	472 比索/美元
匈牙利	830 福林	_____福林/美元	217 福林/美元
捷克	70 克朗	_____克朗/美元	18.9 克朗/美元
巴西	11.25 雷亚尔	_____雷亚尔/美元	1.99 雷亚尔/美元
加拿大	5.41 加元	_____加元/美元	1.00 加元/美元

a. 计算每个国家的通货对 1 美元的预期汇率。(回忆一下,美国的巨无霸价格是 4.37 美元。)

b. 根据购买力平价理论,匈牙利福林和加元之间预期的汇率是多少?真实汇率是多少?

c. 购买力平价理论圆满地解释了汇率吗?

【解答】

用 X 单位外币/巨无霸除以 3.57 美元/巨无霸,得到 X/3.75 单位外国货币/美元;这就是预期的汇率。

a. 智利:1 050 比索/4.37 美元 =469 比索/美元

匈牙利:830 福林/4.37 美元 =190 福林/美元

捷克:70 克朗/4.37 美元 =16 克朗/美元

巴西:11.25 雷亚尔/4.37 美元 =2.57 雷亚尔/美元

加拿大:5.41 加元/4.37 美元 =1.24 加元/美元

b. 根据购买力平价理论,匈牙利福林与加元之间的汇率为 830 福林/巨无霸除以 5.41 加元/巨无霸,等于 153 匈牙利福林/加元;真实汇率是 271 福林/美元除以 1 加元/美元,等于 271 匈牙利福林/加元。

c. 根据巨无霸指数的预期汇率一定程度上接近于现实汇率。

10. 购买力平价在 Ectenia 国和 Wiknam 国之间是成立的,这里只有一种商品,即斯帕姆午餐肉。

a. 2000 年每罐斯帕姆午餐肉在 Ectenia 是 2 美元,在 Wiknam 是 6 比索。Ectenia 美元和 Wiknam 比索之间的汇率是多少?

b. 在以后 20 年间,Ectenia 每年的通货膨胀率是 3.5%,而 Wiknam 是 7%。在此期间,斯帕姆午餐肉的价格和汇率会发生什么变化?(提示:回忆一下第 27 章的 70 规则)。

c. 这两个国家哪一个国家的名义汇率高?为什么?

d. 你的朋友提出一个快速致富的计划:从名义利率低的国家借钱,投资到名义利率高的国家,并从利率差中获得利润。你认为这种想法有什么潜在的问题?解释之。

【解答】

a. 汇率为 1 美元 = 3 比索。

b. 在 Ectenia 国, 斯帕姆午餐肉的价格将会翻倍。价格水平将会是 Wiknam 国的 4 倍。因为两国不同的通货膨胀率, 两国的汇率将会翻倍。

c. 因为费雪效应, Wiknam 国的名义汇率更高。

d. 只有在真实利率存在差异而不是名义利率存在差异的情况下, 快速致富计划才会有效。因为两个国家的名义汇率会受到通货膨胀的影响而调整。

第 32 章
开放经济的宏观经济理论

学习目标

在本章中,学生应理解

- 如何建立一个解释开放经济的贸易平衡与汇率的模型;
- 如何使用这一模型分析政府预算赤字的影响;
- 如何使用这一模型分析贸易政策的宏观经济影响;
- 如何使用这一模型分析政治不稳定与资本外逃。

内容与目的

第 32 章的目的是确定开放经济中许多经济变量的相互依赖性。特别是,第 32 章证明了可贷资金市场上价格和数量与外汇市场上价格和数量之间的关系。运用这些市场,我们可以分析各种政府政策对一个经济的汇率和贸易余额的影响。

要点

1. 两个市场是开放经济的宏观经济学的中心:可贷资金市场和外汇市场。在可贷资金市场上,真实利率的调整使可贷资金的供给(来自国民储蓄)和可贷资金的需求(来自国内投资和资本净流出)平衡。在外汇市场上,真实汇率的调整使美元的供给(来自资本净流出)和美元的需求(用于净出口)平衡。因为资本净流出是可贷资金需求的一部分,并且它为外汇市场提供了美元,所以它是联系这两个市场的变量。

2. 减少了国民储蓄的政策,例如政府预算赤字,减少了可贷资金的供给,并使利率上升。较高的利率减少了资本净流出,这又减少了外汇市场上的美元供给,导致美元升值及净出口减少。

3. 虽然限制性贸易政策,例如进口关税或进口配额,有时因被视为一种改变贸易余额的方法而得到支持,但这些政策并不一定有这种效果。贸易限制增加了汇率既定时的净出口,从而也提高了外汇市场上的美元需求。因此,美元的价值上升,这就使国内物品相对于国外物品更昂贵。这种升值抵消了贸易限制对净出口的最初影响。

4. 当投资者改变他们对持有一国资产的态度时,这对该国经济的后果可能是严重的。特别是,政治上的不稳定会引起资本外逃,资本外逃往往又会提高利率,并引起通货贬值。

教材习题解答

即问即答

1. 描述可贷资金市场与外汇市场上供给和需求的来源。

【解答】

可贷资金的供给来自国民储蓄,可贷资金的需求来自国内投资和资本净流出。外汇市场的供给来自资本净流出,外汇市场的需求来自净出口。

2. 在刚刚介绍的开放经济模型中,两个市场决定两个相对价格。这两个市场是什么? 这两个相对价格又是什么?

【解答】

开放经济模型的两个市场是可贷资金市场和外汇市场。这两个市场决定两个相对价格:(1) 可贷资金市场决定实际利率;(2) 外汇市场决定真实汇率。

3. 假设美国人决定减少他们收入中支出的份额,这对储蓄、投资、利率、真实汇率和贸易余额会有什么影响呢?

【解答】

如果美国人决定减少收入中支出的份额,提高储蓄,将会使可贷资金的供给曲线向右移动,如图1所示。真实利率的下降会提高资本净流出,使外汇市场上的美元供给曲线向右移动,结果是真实汇率下降。由于真实利率更低,国内投资增加。由于真实汇率下降,净出口增加,贸易平衡向贸易余额移动。总之,储蓄和国内投资增加,真实利率和汇率下降,贸易平衡向贸易余额移动。

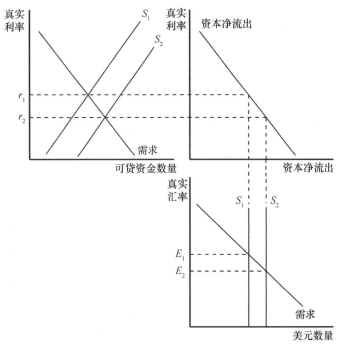

图1

复习题

1. 说明可贷资金市场与外汇市场的供给和需求。这两个市场如何联系？

【解答】

在开放经济的可贷资金市场，可贷资金的供给来自国民储蓄，可贷资金的需求来自国内投资和净资本流出。美元外汇市场的供给来自净资本的流出，美元外汇市场的需求来自净出口。两个市场之间的联系是资本净流出。

2. 为什么预算赤字和贸易赤字有时被称为孪生赤字？

【解答】

政府预算赤字和贸易赤字有时被称为孪生赤字，这是因为政府预算赤字通常导致贸易赤字。政府预算赤字会导致国民储蓄减少，引起利率上升以及资本净流出减少。资本净流出量的下降会减少美元供给，提高真实汇率，从而使得贸易余额变成贸易赤字。

3. 假设纺织工人工会鼓励人们只购买美国制造的衣服。这种政策对贸易余额和真实汇率有什么影响？对纺织行业有什么影响？对汽车行业有什么影响？

【解答】

如果纺织工人工会鼓励人们只购买美国制造的衣服，这会减少服装的进口，因此在任何给定的真实有效汇率下,服装的净出口会增加。如图2所示,这会导致外汇市场需求曲线向右移动。因此,这会导致真实汇率上升,而贸易平衡不受影响。纺织行业将进口更少的服装,但是其他行业,比如汽车行业,由于更高的真实有效汇率,将会进口更多汽车。

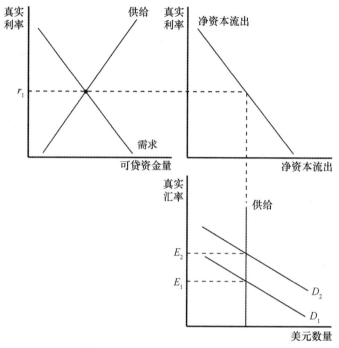

图2

4. 什么是资本外逃?当一个国家发生了资本外逃时,对利率和汇率有什么影响?

【解答】

资本外逃是指一国大量而突然的资金流出。资本外逃会导致利率上升和通货贬值。

快速单选

1. 在其他条件不变的情况下,一国的利率上升会减少_____。

   a. 国民储蓄和国内投资　　　　　　b. 国民储蓄和资本净流出

   c. 国内投资和资本净流出　　　　　　d. 仅国民储蓄

2. 在其他条件不变的情况下,一国通货升值会引起_____。

   a. 出口增加和进口减少　　　　　　b. 出口减少和进口增加

   c. 出口和进口都增加　　　　　　　　d. 出口和进口都减少

3. 在一个开放经济中,政府削减支出以减少预算赤字。结果,利率_____,引起资本_____和真实汇率_____。

a. 下降,流出,上升   b. 下降,流出,下降

c. 下降,流入,上升   d. 上升,流入,上升

4. Ectenia 国长期限制其高质量的普克珠贝出口。但是,新当选的总统取消了这项出口限制。这种政策的变化将引起该国通货_____,使 Ectenia 国进口的物品_____昂贵。

a. 升值,更不   b. 升值,更

c. 贬值,更不   d. 贬值,更

5. 国外的内战引起外国投资者在美国为他们的资金寻找安全避难所,引起美国的利率_____以及美元_____。

a. 上升,疲软   b. 上升,坚挺

c. 下降,疲软   d. 下降,坚挺

6. 如果英国的企业领导人对英国的经济更有信心,他们的乐观将使他们增加投资,引起英镑_____并使英国的贸易余额转向_____。

a. 升值,赤字   b. 升值,盈余

c. 贬值,赤字   d. 贬值,盈余

【答案】 1. c   2. b   3. b   4. a   5. d   6. a

问题与应用

1. 日本一般总有大量贸易盈余。你认为与此最相关的是外国对日本物品的需求高,日本对外国物品的需求低,日本的储蓄率相对于日本的投资较高,还是日本的结构性进口壁垒?解释你的答案。

【解答】

日本一般总有大量贸易盈余,因为日本储蓄率相对于日本国内投资较高。结果是资本净流出高,伴随净出口高,导致贸易盈余。其他因素(外国对日本商品需求高,日本对外国商品需求低,以及日本的结构性进口壁垒)将影响真实汇率,但不会影响贸易盈余。

2. 假设国会正在考虑一项投资税收优惠,该法补贴了国内投资。

a. 这一政策如何影响国民储蓄、国内投资、资本净流出、利率、汇率以及贸易余额?

b. 服务于大出口商的议员反对这项政策。为什么会是这种情况?

【解答】

a. 假设国会通过投资税收优惠,该法补贴了国内投资。增加国内投资的愿望将导致企业借贷更多,增加了可贷资金的需求,如图 3 所示。因此提高了真实利率,减少了资本净

流出。由于资本净流出减少,这会导致外汇市场上美元供给减少,从而提高了真实汇率。贸易余额向赤字移动,因为资本净流出下降,从而净出口下降。更高的真实利率也提高了国内储蓄。因此,在开放经济中,国会通过投资税收优惠提高了储蓄、国内投资,减少了资本净流出,提高了真实利率和真实汇率,贸易余额向赤字移动。

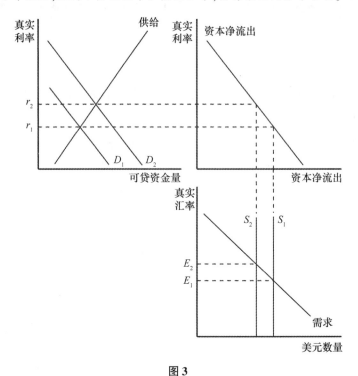

图 3

b. 真实汇率的上升减少了出口。

3. 本章提到了 20 世纪 80 年代美国贸易赤字增加主要是由于美国预算赤字的增加。同时,大众媒体有时宣称,贸易赤字增加是由于相对于外国物品而言,美国物品的质量下降了。

　　a. 假设 20 世纪 80 年代美国物品的相对质量确实下降了。在任何一种既定的汇率下,这对净出口有什么影响?

　　b. 用一组三幅图来说明净出口的这种移动对美国真实汇率和贸易余额的影响。

　　c. 大众媒体所宣称的与本章的模型一致吗?美国产品质量下降对美国人的生活水平有什么影响?(提示:当美国人把物品卖给外国人时,作为回报美国人得到了什么?)

【解答】

　　a. 假设汇率既定,美国产品相对质量的下降会引起美国的净出口下降,减少对美元的需求,如图 4 所示,在外汇市场上,对美元的需求曲线会向左移动。

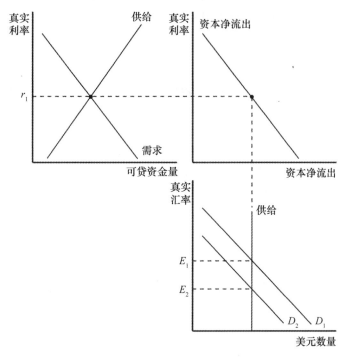

图 4

b. 外汇市场上美元需求曲线向左移动导致真实汇率下降。因为资本净流出不变,净出口等于资本净流出,所以净出口或贸易余额的均衡不变。

c. 大众媒体所宣称的是不正确的。美国产品质量的改变不会导致贸易赤字的提高。真实汇率的下降意味着美国产品可以换的外国产品更少,因此会降低美国人的生活水平。如图 4 所示。

4. 一位经济学家在《新共和》上讨论贸易政策时写道:"美国取消其贸易限制的好处之一是,给美国生产出口物品的行业带来利益。出口行业会发现,把它们的物品卖到国外更容易了——尽管其他国家并没有向我们学习并减少它们的贸易壁垒。"用文字解释为什么美国的出口行业可以从减少对美国的进口限制中得到好处。

【解答】

减少对进口的限制在给定的真实汇率下会减少净出口,因此美元需求曲线会向左移动。美元需求曲线移动会导致外汇市场上美元真实汇率下降,从而增加净出口。因为资本净流出不变,净出口等于资本净流出,所以净出口或贸易余额不变。但是进口和出口都增加了,出口行业可以从中受益。

5. 假设法国人突然对加利福尼亚州的红酒极为偏好。用文字回答下列问题,并作图:

a. 外汇市场上美元的需求会发生什么变动?

b. 外汇市场上美元的价值会发生什么变化?

c. 净出口量会发生什么变化?

【解答】

a. 法国人对加利福尼亚的红酒极为偏好,在给定的真实汇率下,外汇市场对美元的需求会增加,如图5所示。

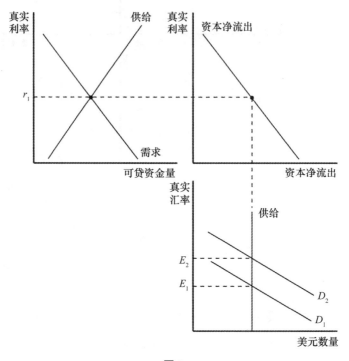

图5

b. 外汇市场上美元需求的增加,引起真实利率上升。

c. 净出口量不变。

6. 美国的一位参议员宣布她改变了过去对保护主义的支持态度:"美国的贸易赤字必须要减少,但进口配额只会激怒我们的贸易伙伴。如果我们补贴美国的出口,我们就可以通过增强我们的竞争力而减少赤字。"用一组三幅图说明出口补贴对净出口和真实汇率的影响。你同意这个参议员的观点吗?

【解答】

在真实汇率下,出口补贴会增加净出口,导致外汇市场上美元需求曲线向右移动,如图6所示。真实汇率上升增加的进口量与出口补贴增加的出口量相等,因此,净出口和贸易赤字不变。这个参议员的观点不正确。

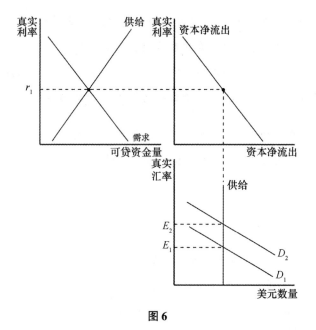

图6

7. 假设美国决定补贴美国农产品的出口,但它并没有增加税收或减少任何其他政府支出来抵消这种支出。用一组三幅图说明国民储蓄、国内投资、资本净流出、利率、汇率和贸易余额会发生什么变动。再用文字解释,美国的政策如何影响进口量、出口量和净出口量。

【解答】

在任何既定真实汇率下,出口补贴会增加净出口量,导致外汇市场上美元需求曲线向右移动,如图7所示。真实汇率的提高增加的进口量与出口补贴增加的出口量相等,因此,

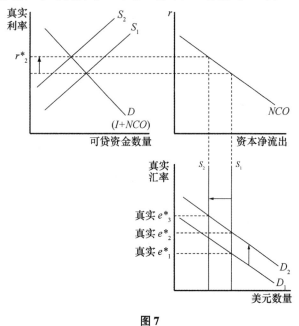

图7

净出口和贸易赤字不变。然而,出口补贴的开支提高了财政赤字,减少了公共储蓄,使得可贷资金的供给曲线向左移动。真实利率的上升减少了国内投资和资本净流出,减少了外汇市场上的美元供给。真实汇率再次上升,进一步增加了进口但减少了出口。最后,进口增加,出口可能增加也可能减少,净出口减少,贸易余额向赤字方向移动。

8. 假设欧洲各国的真实利率上升。解释这将如何影响美国的资本净流出,然后用本章的一个公式并画一个图解释这种变化将如何影响美国的净出口。美国的真实利率和真实汇率将发生什么变动?

【解答】

欧洲各国的真实利率上升增加了美国的资本净流出。更多的资本净流出导致更多的净出口,因为均衡中净出口等于资本净流出($NX = NCO$)。如图 8 所示,资本净流出的增加导致真实汇率下降,真实利率上升,净出口增加。

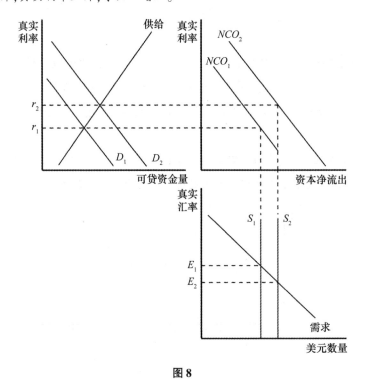

图 8

9. 假设美国人决定增加储蓄。

a. 如果美国资本净流出对真实利率的弹性极高,那么这种私人储蓄的增加对美国国内投资的影响是大还是小?

b. 如果美国的出口对真实汇率的弹性极低,那么这种私人储蓄的增加对美国真实汇率的影响是大还是小?

【解答】

a. 如果美国资本净流出对真实利率的弹性极高,则美国的真实利率会下降,因为这种私人储蓄增加会大量增加资本净流出,所以美国的国内投资将不会增加很多。

b. 因为私人储蓄的增加会降低真实利率,导致资本净流出增加,真实汇率将会下降。如果美国的出口对真实汇率的弹性极低,那么真实汇率的大幅下降会增加美国净出口,直至与资本净流出量相等。

第33章
总需求与总供给

学习目标

在本章中,学生应理解

- 有关短期经济波动的三个关键事实;
- 短期中的经济与长期中的经济有什么不同;
- 如何使用总需求与总供给模型解释经济波动;
- 总需求曲线或总供给曲线的移动如何引起经济繁荣和衰退。

内容与目的

到目前为止,我们对宏观经济理论的研究集中在长期经济行为上。第33—35章集中研究在长期趋势下经济的短期波动。第33章介绍总需求和总供给,并说明这些曲线的移动如何引起衰退。第34章集中在决策者如何运用货币政策和财政政策工具来影响总需求。第35章论述通货膨胀与失业之间的关系。

第33章的目的是建立一个经济学家用来分析经济短期波动的模型——总需求与总供给模型。学生将了解总需求曲线和总供给曲线移动的一些原因,以及这些移动会如何引起衰退。本章还将介绍决策者为了抵消衰退可能采取的各种行动。

要点

1. 所有社会都经历过围绕长期趋势的短期经济波动。这些波动是无规律的,而且大体上是不可预测的。当衰退真的发生时,真实GDP以及有关收入、支出与生产的其他衡量指标都下降,而失业增加。

2. 古典经济理论建立在货币供给和物价水平这类名义变量并不影响产量与就业这类真实变量这一假设的基础之上。许多经济学家认为,这个假设在长期中是正确的,但在短期中并不正确。经济学家用总需求与总供给模型分析短期经济波动。根据这个模型,物品与服务的产量和物价总水平的调整使总需求与总供给平衡。

3. 总需求曲线由于三个原因向右下方倾斜。第一是财富效应:较低的物价水平增加了家庭持有的货币的真实价值,这刺激了消费支出。第二是利率效应:较低的价格减少了家庭需要的货币量,随着家庭试图把货币转变为有利息的资产,利率下降了,这刺激了投资支出。第三是汇率效应:当较低的物价水平降低了利率时,外汇市场上美元贬值,这刺激了净出口。

4. 在物价水平既定时,任何一种增加消费、投资、政府购买或净出口的事件或政策都会增加总需求。在物价水平既定时,任何一种减少消费、投资、政府购买或净出口的事件或政策都会减少总需求。

5. 长期总供给曲线是垂直的。在长期中,物品与服务的供给量取决于经济中的劳动、资本、自然资源和技术,但不取决于物价总水平。

6. 本章提出了三种理论用以解释短期总供给曲线向右上方倾斜。根据黏性工资理论,未预期的物价水平下降暂时增加了真实工资,这使企业减少就业和生产。根据黏性价格理论,未预期的物价水平下降使一些企业的价格暂时升高,这就降低了它们的销售量,并使它们减少生产。根据错觉理论,未预期的物价水平下降使供给者错误地相信,他们的相对价格下降了,这就使它们减少生产。所有这三种理论都意味着,当实际物价水平与人们预期的物价水平背离时,产量就会与自然水平背离。

7. 改变经济生产能力的事件,例如劳动、资本、自然资源或技术的变动,都会使短期总供给曲线移动(而且也会使长期总供给曲线移动)。此外,短期总供给曲线的位置还取决于预期的物价水平。

8. 经济波动的一个可能原因是总需求的移动。例如,当总需求曲线向左移动时,短期中产量和物价就会下降。随着时间的推移,当预期物价水平的变动引起工资、物价和感觉进行调整时,短期总供给曲线就会向右移动,并使经济在一个新的、较低的物价水平时回到其自然产出水平。

9. 经济波动的第二个可能原因是总供给的移动。当短期总供给曲线向左移动时,效应是产量减少和物价上升——这种结合被称为滞胀。随着时间的推移,当工资、物价和感觉进行了调整时,短期总供给曲线向右移动,使物价水平和产量回到其原来的水平。

教材习题解答

即问即答

1. 列出并讨论关于经济波动的三个关键事实。

【解答】

经济波动的三个关键事实是:(1) 经济波动无规律且不可预测;(2) 大多数宏观变量同时

起波动;(3) 随着产量减少,失业增加。

经济波动是无规律且不可预测的,正如你在过去一段时期的真实 GDP 图表中所看到的,一些衰退相隔很近,而另一些相距甚远,根本没有规律可循。

大多数宏观经济变量同时波动。在衰退中,真实 GDP、消费支出、投资支出、公司利润,以及其他宏观经济变量较经济扩张时减少或增加得更慢。尽管如此,经济周期中变量波动的幅度并不相同,投资支出的变动最大。

随着产量减少,失业增加,因为当企业选择缩减其物品和服务数量时,他们就会解雇工人,从而使失业大军扩大。

2. • 短期中经济的行为与长期中经济的行为有什么不同?
   • 画出总需求与总供给模型。这两个轴上标示的分别是什么变量?
   【解答】
   • 短期中的经济行为与长期中的经济行为不同是因为货币中性的假定仅适用于长期,而不适用于短期。短期中,真实变量与名义变量高度交织在一起。
   • 总需求和总供给模型如图 1 所示。横轴表示产出数量,纵轴表示价格水平。

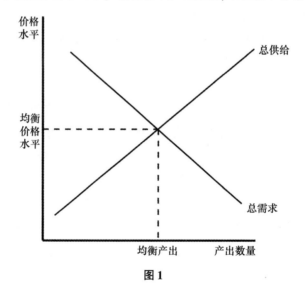

图1

3. • 解释总需求曲线向右下方倾斜的三个原因。
   • 举出一个会使总需求曲线移动的事件的例子。这个事件使该曲线向哪个方向移动?
   【解答】
   • 总需求曲线向下倾斜有如下三个原因。第一,当价格下降时,人们钱包中的钱和银行存款升值了,因此他们感觉更富有。结果他们会支出更多,因此对物品和服务的需求增加。第二,当价格下降时,人们用于购买的货币量需求减少,从而他们会更多地借出货币,这将会降低利率。较低的利率鼓励公司进行更多投资,增加了物品和服务的需求数量。第三,既然较低的物价会带来一个更低的利率,一些美国投资者会进行海外投资,向外汇市场提供更多的美元,因此导致美元贬值。真实汇率的下降导致净出口上升,这将会增加对物品和服务的需求数量。

- 任何既定价格水平下,消费、投资、政府购买或净出口的改变都将使总需求曲线移动。例如,消费的增加将使总需求曲线向右移动,而消费的减少将会使总需求曲线向左移动。

4.
- 解释为什么长期总供给曲线是垂直的。
- 阐述解释短期总供给曲线向右上方倾斜的三种理论。
- 什么变量既使长期总供给曲线移动又使短期总供给曲线移动?
- 什么变量使短期总供给曲线移动而不使长期总供给曲线移动?

【解答】

长期总供给曲线是垂直的,因为价格水平不会影响真实 GDP 的长期决定因素,这包括劳动、资本、自然资源的供给,以及可达到的技术水平。这是古典二分法和货币中性的一个应用。

短期总供给曲线向右上方倾斜的三种理论:第一,黏性工资理论认为因为名义工资调整缓慢,价格水平下降意味着更高的真实工资,所以企业雇用更少的工人并减产,导致物品和服务的供给数量减少。第二,黏性价格理论认为一些物品和服务的价格变动缓慢。如果某些经济事件导致整体价格水平下降,具有黏性价格的物品的相对价格将会上升,这些物品的销售量会减少,致使企业削减生产。因此,一个较低的价格水平减少了物品和服务的供给数量。第三,错觉理论认为整体价格水平的变化会暂时误导供给者。当价格水平降至低于预期时,供给者认为他们的产品的相对价格下降了,所以他们会选择减产。因此,一个较低的价格水平减少了物品和服务的供给数量。

若劳动、资本或自然资源的供给发生变化或技术发生变化,长期和短期总供给曲线都会移动。预期价格水平的变化会使短期总供给曲线移动,但对长期总供给曲线不会有影响。

5. 假设受欢迎的总统候选人当选突然增加了人们对未来的信心,用总需求与总供给模型分析其对经济的影响。

【解答】

当受欢迎的总统候选人当选时,人们会对未来更加自信,他们会有更多的支出,导致总需求曲线向右移动,如图 2 所示。经济开始处于 A 点,总需求曲线是 AD_1,短期总供给曲线是 AS_1。均衡价格是 P_1,产出是 Y_1。对未来信心的增加会导致总需求曲线移动至 AD_2。经济移动到 B 点,此时价格水平是 P_2,产出水平是 Y_2。一段时间以后,价格预期调整,同时短期总供给曲线向左移动至 AS_2,经济移到均衡点 C,价格水平为 P_3,产出水平为 Y_1。

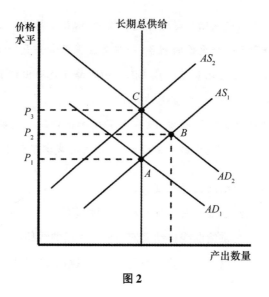

图2

复习题

1. 写出当经济进入衰退时下降的两个宏观经济变量。写出当经济进入衰退时上升的一个宏观经济变量。

   【解答】

   当经济进入衰退时,有两个宏观变量——真实 GDP 和投资支出下降(其他答案也是可能的)。在衰退期,一个宏观经济变量——失业率上升。

2. 画出一个有总需求、短期总供给和长期总供给的图,仔细并正确地标出坐标轴。

   【解答】

   总需求、短期总供给和长期总供给如图3所示。

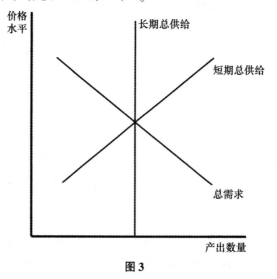

图3

3. 列出并解释总需求曲线向右下方倾斜的三个原因。

【解答】

总需求曲线向下倾斜是因为：(1) 价格水平下降使消费者感到更富裕，这又鼓励他们更多地支出，消费支出增加意味着物品与服务的需求量更大；(2) 较低的价格水平降低了利率，鼓励更多地投资支出，从而增加了物品与服务的需求；(3) 美国物价水平下降导致利率下降，实际汇率贬值，而且这种贬值刺激了美国的净出口，从而增加了国外对物品与劳务的需求。

4. 解释为什么长期总供给曲线是垂直的。

【解答】

长期总供给曲线是垂直的，是因为在长期中，一个经济的物品与服务的供给取决于它资本、劳动和自然资源的供给，以及用来把这些资源变为物品和服务的可使用的生产技术。物价水平并不影响这些真实 GDP 的长期决定因素。

5. 列出并解释短期总供给曲线向右上方倾斜的三种理论。

【解答】

有三种理论解释为什么短期总供给曲线向右上方倾斜：(1) 黏性工资理论，由于工资不能根据物价水平迅速调整，较低的物价水平就使就业与生产不利，因此企业减少了物品与服务的供给；(2) 黏性价格理论，由于并不是所有价格都根据变动的状况迅速调整，未预期到的物价水平下降使一些企业的价格高于合意水平，这会打击销售，并导致企业减少它们生产的物品与服务；(3) 错觉理论，供给者看到他们产品的价格下降时，他们可能会错误地认为，他们的相对价格下降了，这些错觉引起供给者对较低物价水平的反应是减少物品与服务的供给量。

6. 是什么因素可能引起总需求曲线向左移动？用总需求与总供给模型来探讨这种移动对产量和物价水平的短期影响和长期影响。

【解答】

当某些因素(不是物价水平的上升)导致消费支出减少时(比如储蓄意愿增加)时，总需求曲线向左移动，投资支出减少(比如对投资收益税收的增加)，政府支出减少(比如削减国防支出)或净出口减少(比如外国经济进入衰退时)。

图 4 演示了总需求曲线移动的步骤。经济开始处于均衡，短期总供给 AS_1 与总需求曲线 AD_1 相交于 A 点。当总需求曲线向左移动至 AD_2 时，经济从 A 点移动至 B 点，价格水平下降，产出数量减少。一段时间后，人们调整他们的预期、工资和价格水平，使短期总供给曲线向右移动至 AS_2，同时经济由 B 点移动至 C 点，此时又回到了长期总供给曲线上并处于一个较低的价格水平。

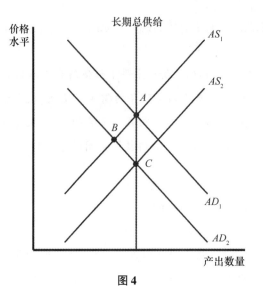

图4

7. 是什么因素引起总供给曲线向左移动？用总需求与总供给模型来探讨这种移动对产量和物价水平的短期影响和长期影响。

【解答】

总供给曲线向左移动，是因为一个经济的资本存量、劳动供给或生产力的减少，或者自然失业率的上升，这些都会使长期和短期总供给曲线向左移动。对价格水平上升的预期使短期总供给曲线(而不是长期总供给曲线)向左移动。

短期总供给曲线移动的效应如图5所示。经济开始处于均衡，短期总供给曲线由 AS_1 向左移动至 AS_2。新的均衡点是 B 点，是总需求曲线与 AS_2 的交点。随时间的变化，预期将会调整，而且经济会回到长期均衡 A 点，因为短期总供给曲线移回到了初始位置。

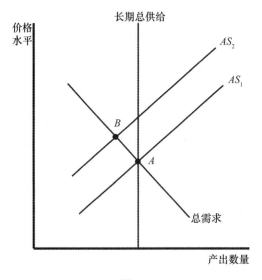

图5

快速单选

1. 当经济进入衰退时,真实 GDP _____,而失业 _____。

   a. 上升,上升　　　　　　　　　b. 上升,下降

   c. 下降,上升　　　　　　　　　d. 下降,下降

2. 股市的突然崩溃会 _____。

   a. 使总需求曲线移动

   b. 使短期总供给曲线移动,但长期总供给曲线不会移动

   c. 使长期总供给曲线移动,但短期总供给曲线不会移动

   d. 使短期和长期总供给曲线都移动

3. 预期物价水平的变动会 _____。

   a. 使总需求曲线移动

   b. 使短期总供给曲线移动,但长期总供给曲线不会移动

   c. 使长期总供给曲线移动,但短期总供给曲线不会移动

   d. 使短期和长期总供给曲线都移动

4. 物品与服务总需求的增加在_____对产量有较大影响,在_____对物价水平有较大影响。

   a. 短期,长期　　　　　　　　　b. 长期,短期

   c. 短期,短期　　　　　　　　　d. 长期,长期

5. 引起滞胀的是_____。

   a. 总需求曲线向左移动　　　　　b. 总需求曲线向右移动

   c. 总供给曲线向左移动　　　　　d. 总供给曲线向右移动

6. 对物品与服务的总需求不足引起经济衰退的思想来自_____的著作。

   a. 亚当·斯密　　　　　　　　　b. 大卫·休谟

   c. 大卫·李嘉图　　　　　　　　d. 约翰·梅纳德·凯恩斯

【答案】　1. c　2. a　3. b　4. a　5. c　6. d

问题与应用

1. 假设经济处于长期均衡。

   a. 用图形说明经济的状态。务必标出总需求、短期总供给和长期总供给。

b. 现在假设股市崩溃导致总需求减少。用你的图形说明短期中产量和物价水平会发生什么变动。失业率会发生什么变动？

c. 用总供给的黏性工资理论解释长期中产量和物价水平将发生什么变动(假设政策不变)。在这种调整中,预期物价水平起了什么作用？用图形确切地说明你的分析。

【解答】

a. 经济的当前状态如图6所示。总需求曲线(AD_1)和短期总供给曲线(AS_1)与长期总供给曲线相交于同一点上。

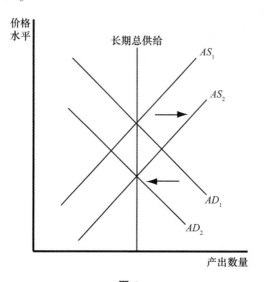

图6

b. 一个资本市场的崩溃将使总需求曲线左移(至AD_2)。产出的均衡水平和价格水平将会下降。因为产出的数量低于自然产出水平,失业率上升并超过自然失业率。

c. 若名义工资不不变而价格水平下降,企业将被迫使削减就业和产出。一段时期后预期调整,短期总供给曲线将右移(至AS_2),经济移动回自然产出水平。

2. 解释下面每一个事件将使长期总供给增加、减少,还是没有影响。

a. 美国经历了移民潮。

b. 国会把最低工资提高到每小时 10 美元。

c. 英特尔公司投资于新的、更强劲的电脑芯片。

d. 严重的暴风雨危及东海岸的工厂。

【解答】

a. 当美国经历移民潮时,劳动力增加,因此长期总供给曲线向右移动。

b. 当国会把最低工资提高到每小时 10 美元时,自然失业率上升,因此长期总供给曲线向左移动。

c. 当英特尔公司投资于一个新的、更强大的电脑芯片时,生产率提高了,因此长期总供给增加,因为同样的投入会有更多的产出。

d. 当严重的暴风雨危及东海岸的工厂时,资本存量变少了,因此长期总供给下降。

3. 假设经济处于长期均衡。

a. 用总需求与总供给模型说明最初的均衡(称为A点)。务必包括短期总供给与长期总供给。

b. 中央银行增加了5%的货币供给。用你的图形说明随着经济从最初的均衡转向新的短期均衡(称为B点),产量和物价水平会发生什么变动。

c. 指出新的长期均衡(称为C点)。是什么引起经济从B点移动到C点?

d. 根据总供给的黏性工资理论,如何比较A点的名义工资与B点的名义工资?如何比较A点的名义工资与C点的名义工资?

e. 根据总供给的黏性工资理论,如何比较A点的真实工资与B点的真实工资?如何比较A点的真实工资与C点的真实工资?

f. 根据货币供给对名义工资与真实工资的影响判断,这种分析与货币在短期中有真实影响而在长期中是中性的观点一致吗?

【解答】

a. 经济现状如图7所示。总需求曲线和短期总供给曲线与长期总供给曲线相交于同一点上。

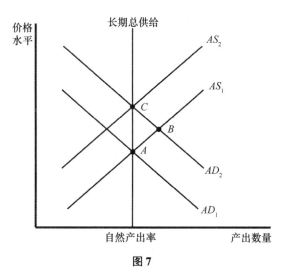

图7

b. 若中央银行增加货币供给,总需求曲线向右移动(至B点)。在短期中,会有产出的增加和价格水平的上升。

c. 一段时间后,对于新的物价水平,名义工资、价格和预期将会调整。所以短期总供给曲线向左移动。经济将回到产出的自然水平(C 点)。

d. 根据黏性工资理论,A 点和 B 点的名义工资相等。然而,C 点的名义工资高于 A 点的名义工资。

e. 根据黏性工资理论,B 点的真实工资低于 A 点的真实工资。然而,A 点与 C 点的真实工资相等。

f. 是的,此分析与长期货币中性相符合。在长期中,货币供给量的上升会引起名义工资上升,然而真实工资不变。

4. 在 1939 年,因为美国经济没有完全从大萧条中复苏,所以罗斯福总统宣布感恩节将比通常提前一周来临,以便使圣诞节前的购物期得以延长。用总需求与总供给模型解释罗斯福总统可能试图达到什么目的。

【解答】

大萧条期间,均衡产出(Y_1)低于自然产出水平(Y_2)。延长感恩节和圣诞节之间的购物期的想法会增加总需求。如图 8 所示,这将增加产出,使其回到长期均衡水平(Y_2)。

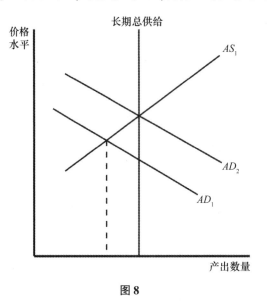

图 8

5. 解释为什么以下说法是错误的。

a. "总需求曲线向右下方倾斜,因为它是单个物品需求曲线的水平相加。"

b. "长期总供给曲线是垂直的,因为经济力量并不影响长期总供给。"

c. "如果企业每天调整自己的价格,那么短期总供给曲线就是水平的。"

d. "只要经济进入衰退,它的长期总供给曲线就向左移动。"

【解答】

a. "总需求曲线向右下方倾斜,因为它是单个物品需求曲线的水平相加"的说法是错误的。总需求曲线向右下方倾斜是因为价格水平的下降通过财富效应、利率效应和汇率效应增加了整体物品与服务的需求。

b. "长期总供给曲线是垂直的,因为经济力量并不影响长期总供给"的说法是错误的。因为各种经济力量(比如人口和生产率)确实会影响长期总供给。长期总供给曲线是垂直的,因为价格水平不会影响长期总供给。

c. "如果企业每天调整自己的价格,那么短期总供给曲线就是水平的"的说法是错误的。若企业调整价格十分迅速且黏性价格是短期总需求曲线向上倾斜的唯一原因,则短期总供给曲线将会是垂直的,而不是水平的。只要价格完全固定,短期总供给曲线就将会水平的。

d. "只要经济进入衰退,它的长期总供给曲线就向左移动"的说法是错误的。如果长期总需求曲线或者短期总供给曲线向左移动,一个经济皆有可能进入衰退。

6. 用解释短期总供给曲线向右上方倾斜的三种理论中的一种,认真解释以下情况。

   a. 在没有任何政策干预时,经济如何从衰退中复苏,并回到其长期均衡。

   b. 什么因素决定复苏的速度。

【解答】

a. 根据黏性工资理论,经济处于衰退是因为价格水平已经下降,而真实工资过高,因此劳动需求过低。一段时间后,随着名义工资调整从而真实工资下降,经济回到了充分就业状态。

   根据黏性价格理论,经济处于衰退是因为并不是所有价格皆可迅速调整。一段时间后,企业完全调整其价格,同时经济回到长期总供给曲线上。

   根据错觉理论,价格水平低于预期时,经济处于衰退。一段时间后,随着人们意识到较低的价格水平,他们的预期将会调整,并且经济回到长期总供给曲线上。

b. 依据各个理论,复苏的速度取决于价格预期、工资和价格的调整有多快。

7. 经济开始时处于长期均衡。然后某一天,总统任命了一位新的美联储主席。这个新主席以其"通货膨胀不是经济的主要问题"的观点而闻名。

   a. 这条新闻会如何影响人们预期的物价水平?

   b. 预期物价水平的这种变动如何影响工人和企业协商新劳动合同中的名义工资?

   c. 名义工资的这种变动如何影响在任何一种既定的物价水平时生产物品与服务的盈利性?

d. 盈利性的这种变动如何影响短期总供给曲线？

e. 如果总需求曲线不变,总供给曲线的这种移动如何影响物价水平和产量？

f. 你认为对这个美联储主席的任命英明吗？

【解答】

a. 人们可能会预期新的主席不会积极控制通货膨胀,因此他们将会提高预期价格水平。

b. 如果人们相信下一年价格水平将会更高,工人们将要求更高的名义工资。

c. 在任何给定的价格水平,更高的劳动成本将会使利润减少。

d. 如图9所示,短期总供给曲线将会向左移动。

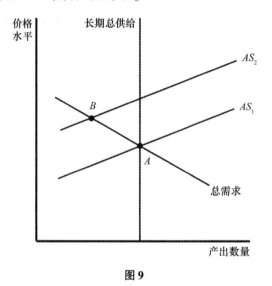

图9

e. 短期总供给下降会导致产出减少和价格水平上升。

f. 不,这种选择可能不是明智的。最终结果是滞胀,在应对这种状况方面的政策选择很有限。

8. 解释下列每个事件是使短期总供给曲线移动、总需求曲线移动、两者都移动,还是两者都不移动。对于使曲线移动的每一个事件,用图形说明其对经济的影响。

a. 家庭决定把大部分收入储蓄起来。

b. 佛罗里达的橘园长期受零度以下气温的打击。

c. 国外工作机会增加使许多人离开本国。

【解答】

a. 若家庭决定把大部分收入储蓄起来,他们必须在生活消费品上花费较少,所以总需求曲线向左移动,如图10所示。均衡由A点变动至B点,价格水平下降,产出减少。

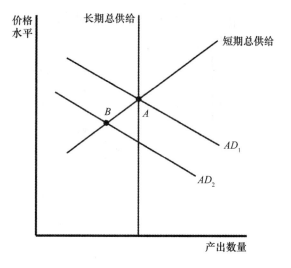

图 10

b. 若佛罗里达的橘园长期受零度以下气温的打击,橘子将会减产。自然产出水平的下降在图 11 上表现为长期和短期总供给曲线皆向左移动。均衡点由 A 变动至 B 点,因此价格水平上升,产量下降。

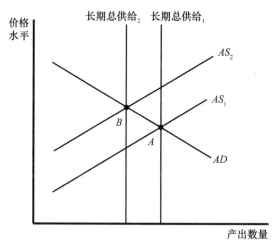

图 11

c. 若国外工作机会增加会使人们出国,则长期和短期总供给曲线将会向左移动。因为进行生产的人更少。总需求曲线也将向左移动,因为消费物品和服务的人更少。结果是产量的减少,如图 12 所示。价格的上升或下降取决于总需求曲线与总供给曲线的相对移动幅度。

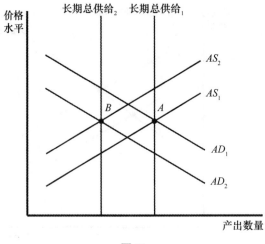

图 12

9. 根据下列每一个事件,假设决策者不采取行动,解释其对产量和物价水平的短期与长期影响。

   a. 股市急剧下跌,减少了消费者的财富。

   b. 联邦政府增加了国防支出。

   c. 技术进步提高了生产率。

   d. 国外经济衰退引起外国人购买的美国物品少了。

   【解答】

   a. 当股市急剧下跌,财富减少,总需求曲线向左移动,如图 13 所示。短期中,随着产出减少和价格水平下降,经济由 A 点移动到 B 点。长期中,短期总供给曲线右移,在 C 点恢复均衡。相对于 A 点,产出不变且有一个较低的价格水平。

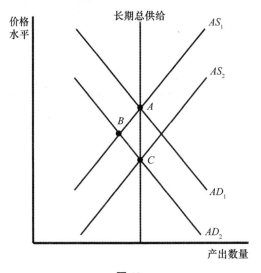

图 13

b. 当联邦政府增加国防支出时,政府购买的增加使总需求曲线右移,如图 14 所示。短期中,经济随着产出增加和价格水平上升,由 A 点移动到 B 点。长期中,短期总供给曲线左移,在 C 点恢复均衡。相对于 A 点,产出不变而且有一个更高的价格水平。

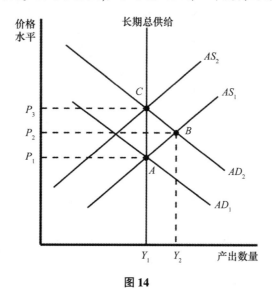

图 14

c. 当技术进步提高了生产率时,长期和短期总供给曲线右移,如图 15 所示。经济由 A 点移动到 B 点,产出不变而价格水平下降。

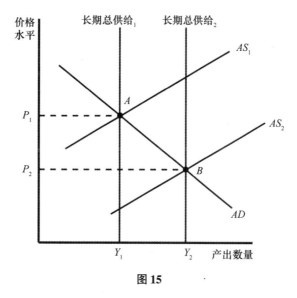

图 15

d. 当国外经济衰退引起外国人购买的美国物品少了,净出口减少,所以总需求曲线向左移动,如图 16 所示。短期中,随着产出减少且价格水平下降,经济由 A 点向 B 点移动。长期中,短期总供给曲线向右移动并在 C 点恢复均衡。相对于 A 点,产出不变且有一个较低的价格水平。

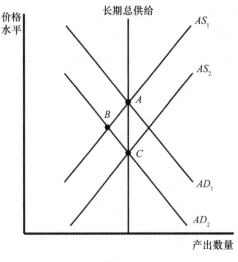

图 16

10. 假设企业对未来的经济状况极为乐观,并大量投资于新资本设备。

a. 画出总需求与总供给图并说明这种乐观主义对经济的短期影响。标出新的物价水平与真实产量。用文字解释为什么总供给量会发生变动。

b. 现在用(a)中的图说明经济新的长期均衡。(现在假设长期总供给曲线没有发生变动。)用文字解释为什么总需求量在短期与长期之间会发生变动。

c. 投资高涨会如何影响长期总供给曲线?解释之。

【解答】

a. 若企业对未来商业环境乐观并增加投资,其结果如图 17 所示。经济开始于 A 点,总需求曲线和短期总供给曲线分别是 AD_1、AS_1。均衡点价格为 P_1,产出水平为 Y_1。增加

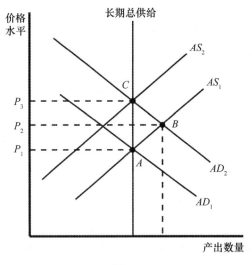

图 17

的乐观态度带来更大的投资,所以总需求曲线移动至 AD_2。现在经济处于 B 点,价格为 P_2,产出水平为 Y_2。供给的产出总数量上升,因为价格水平上升且人们对价格水平的错觉、工资的黏性或价格的黏性,所有这些都导致供给的产出上升。

b. 一段时间后,随着价格水平错觉的消失、工资调整或价格调整,短期总供给曲线左移至 AS_2,经济在 C 点达到均衡,此时价格水平为 P_3,产出水平为 Y_1。随着价格水平的上升,需求的产出数量下降。

c. 投资高涨可能会增加长期总供给,因为今天更高的投资意味着未来更大的资本存量,因此带来更高的生产率和更高的产出。

第34章
货币政策和财政政策对总需求的影响

学习目标

在本章中,学生应理解

- 作为短期利率理论的流动性偏好理论;
- 货币政策如何影响利率和总需求;
- 财政政策如何影响利率和总需求;
- 讨论决策者是否应该试图稳定经济。

内容与目的

　　第34章是关于长期趋势下经济的短期波动三章中的第二章。在第33章,我们介绍了总供给与总需求模型。在第34章中,我们要说明政府的货币政策和财政政策如何影响总需求。在第35章中,我们将看到当我们论述通货膨胀与失业之间的关系时短期目标和长期目标之间的一些权衡取舍。

　　第34章的目的是论述货币政策和财政政策的短期效应。在第33章中,我们发现当总需求或短期总供给移动时,它会引起产量波动。结果,决策者有时试图通过使用货币政策和财政政策移动总需求来抵消这些移动。第34章论述这些政策背后的理论以及稳定政策的一些缺点。

要点

1. 在建立短期经济波动理论时,凯恩斯提出了流动性偏好理论来解释利率的决定因素。根据这种理论,利率的调整使货币的供求平衡。

2. 物价水平上升增加了货币需求,提高了使货币市场均衡的利率。由于利率代表借款的成本,所以较高的利率减少了投资,从而减少了物品与服务的需求量。向右下方倾斜的总需求曲线表明了物价水平与需求量之间的这种负相关关系。

3. 决策者可以用货币政策影响总需求。货币供给的增加降低了物价水平既定时的均衡利率。因为较低的利率刺激了投资支出,所以总需求曲线向右移动。相反,货币供给减少提高了物价水平既定时的均衡利率,使总需求曲线向左移动。

4. 决策者还可以用财政政策影响总需求。政府购买增加或减税可以使总需求曲线向右移动。政府购买减少或增税可以使总需求曲线向左移动。

5. 当政府改变支出或税收时,所引起的总需求变动可能大于或小于财政变动。乘数效应往往扩大财政政策对总需求的影响。挤出效应往往减少财政政策对总需求的影响。

6. 由于货币政策和财政政策可以影响总需求,所以政府有时用这些政策工具来试图稳定经济。经济学家对政府应该如何积极地进行这种努力的看法并不一致。根据积极稳定政策支持者的看法,家庭和企业态度的改变使总需求变动,如果政府不对此做出反应,结果就是产量与就业的不合意及不必要的波动。根据积极稳定政策批评者的看法,货币政策与财政政策发生作用都有相当长的时滞,以至于稳定经济的努力往往以不稳定告终。

教材习题解答

即问即答

1. 用流动性偏好理论解释货币供给减少如何影响均衡利率。这种货币政策变动如何影响总需求曲线?

【解答】

根据流动性偏好理论,利率的调整使货币供给与货币需求平衡。因此,货币供给的减少会提高均衡利率。货币供给的减少减少了总需求,因为较高的利率会使家庭减少住房的购买,从而减少住宅投资需求;同时也导致企业减少新厂和新设备支出,从而减少企业投资。

2. 假设政府减少高速公路建设支出 100 亿美元。总需求曲线会如何移动? 解释为什么这种移动会大于或小于 100 亿美元。

【解答】

如果政府减少高速公路建设支出 100 亿美元,那么总需求曲线会向左移动,因为政府购买减少了。如果乘数效应大于挤出效应,总需求曲线向左移动大于 100 亿美元;如果乘数效应小于挤出效应,总需求曲线向左移动小于 100 亿美元。

3. 假设不利的“动物本能”弥漫在经济中,而且人们对未来变得悲观。总需求会发生什么变动?如果美联储想稳定总需求,它应该如何改变货币供给?如果它这样做,利率会发生什么变动?为什么美联储不会选择以这种方法做出反应?

【解答】

如果人们对未来悲观,他们将会减少支出,这会导致总需求曲线向左移动。如果美联储想要稳定总需求,它应该增加货币供给。货币供给的增加会导致利率下降,从而刺激住宅和企业投资。美联储不会这么做,因为政策发生作用存在时滞,等政策发生作用时长时滞可能意味着经济本身已经恢复,货币供给的增加会导致通货膨胀。

复习题

1. 什么是流动性偏好理论?这种理论如何有助于解释总需求曲线向右下方倾斜?

【解答】

流动性偏好理论是关于利率如何决定的凯恩斯理论。根据该理论,总需求曲线向右下方倾斜:(1) 较高的物价水平增加了货币需求;(2) 较高的货币需求导致较高的利率;(3) 较高的利率减少了物品与服务的需求。因此,物价水平与物品和服务的需求之间存在负相关。

2. 用流动性偏好理论解释货币供给减少如何影响总需求曲线。

【解答】

货币供给减少使得货币供给曲线向左移动,均衡利率上升。较高的均衡利率减少了消费和投资,从而使得总需求下降。因此,总需求曲线向左移动。

3. 政府花费30亿美元用于购买警车。解释为什么总需求的增加会大于或小于30亿美元。

【解答】

政府花费30亿美元用于购买警车,总需求增加可能会大于30亿美元,因为政府购买对总需求有乘数效应。总需求的增加可能会小于30亿美元,因为政府购买对总需求有挤出效应。

4. 假设对消费者信心的调查表明,悲观情绪蔓延全国。如果决策者无所作为,总需求会发生什么变动?如果美联储想稳定总需求,它应该怎么做?如果美联储无所作为,国会为了稳定总需求应该做什么?

【解答】

如果悲观情绪蔓延全国,家庭将会减少消费,企业将会缩减投资,因此总需求下降。如果美联储想稳定总需求,它将会增加货币供给,从而降低利率,这会导致家庭减少储蓄和消费更多,这会鼓励企业投资更多,这两者都会增加总需求。如果美联储不增加货币供给,国会会通过增加政府购买或减税来增加总需求。

5. 举出一个起到自动稳定器作用的政府政策的例子。解释为什么这一政策有这种效应。

【解答】

起到自动稳定器作用的政府政策包括税收制度和用于失业福利制度政府支出。税收制度起到自动稳定器作用,因为当收入高时,人们需要缴纳更多税,从而使得人们支出减少。当收入下降时,税收也减少,从而使得人们支出增多。结果是支出对经济起到部分稳定的作用。用于失业福利制度的政府支出起到自动稳定器作用,因为在经济衰退期,政府会转移一部分钱给失业者,使得他们的收入不至于下降太多,从而使得他们的支出不会减少太多。

快速单选

1. 如果中央银行想要扩大总需求,那么,它应该_____货币供给,这就会使利率_____。

   a. 增加,上升   b. 增加,下降

   c. 减少,上升   d. 减少,下降

2. 如果政府想要紧缩总需求,那么,它应该_____政府购买或_____税收。

   a. 增加,增加   b. 增加,减少

   c. 减少,增加   d. 减少,减少

3. 美联储把联邦基金利率作为目标利率。该利率_____。

   a. 是中央银行一种额外的政策工具,补充并独立于货币供给

   b. 使美联储承诺确定某种货币供给,以便盯住所宣布的利率

   c. 是一个很少达到的目标,因为美联储只能决定货币供给

   d. 是银行向联邦基金借贷的关键,但并不影响总需求

4. 一个经济由于总需求不足陷入衰退。政府增加1 200美元购买支出。假设中央银行调整货币供给,以使利率不变,投资支出是固定的,而且边际消费倾向是2/3。总需求会增加多少?

   a. 400美元   b. 800美元

   c. 1 800美元   d. 3 600美元

5. 在上一题中,如果中央银行保持货币供给不变,并允许利率调整,则政府购买增加引起的总需求变动会_____。

   a. 更大   b. 相同

c. 较小但仍然为正　　　　　　　　　d. 为负

6. 以下哪一个是自动稳定器的例子？当经济陷入衰退时，_____。

　a. 更多人有资格领取失业保险补助

　b. 股票价格下跌，尤其是周期性行业企业的股票

　c. 国会听取可能的一揽子刺激方案

　d. 美联储改变其联邦基金利率的目标

【答案】　1. b　2. c　3. b　4. d　5. c　6. a

问题与应用

1. 解释下面每一种发展会如何影响货币供给、货币需求和利率。用图形说明你的答案。

　a. 美联储的债券交易商在公开市场操作中购买债券。

　b. 信用卡可获得性的提高减少了人们持有的现金。

　c. 联邦储备降低了银行的法定准备金。

　d. 家庭决定把更多钱用于节日购物。

　e. 乐观情绪刺激了企业投资，扩大了总需求。

【解答】

　a. 如图 1 所示，当美联储的债券交易商在公开市场操作中购买债券时，货币供给曲线从 MS_1 向右移动到 MS_2，结果是利率下降。

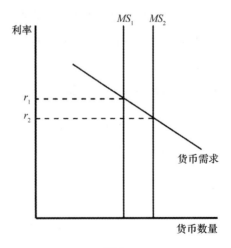

图 1

　b. 如图 2 所示，当信用卡可获得性的提高减少了人们持有的现金时，货币需求曲线从 MD_1 向左移动到 MD_2，结果是利率下降。

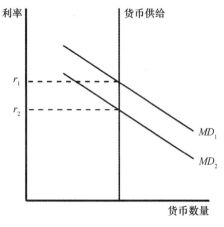

图 2

c. 如图 1 所示，当联邦储备降低了银行的法定准备金时，货币供给增加，因此货币供给曲线从 MS_1 向右移动到 MS_2，结果是利率下降。

d. 如图 3 所示，当家庭决定把更多钱用于节日购物时，货币需求曲线从 MD_1 向右移动到 MD_2，结果是利率上升。

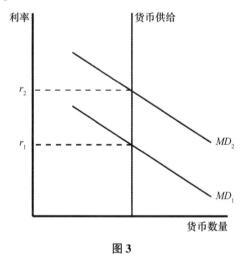

图 3

e. 如图 3 所示，当乐观情绪刺激了企业投资，扩大了总需求时，货币需求曲线从 MD_1 从右移动到 MD_2，货币需求的增加提高了利率。

2. 联邦储备扩大了 5% 的货币供给。

a. 用流动性偏好理论以图形说明这种政策对利率的影响。

b. 用总需求与总供给模型说明利率的这种变动对短期中产量和物价水平的影响。

c. 当经济从其短期均衡转向长期均衡时，物价水平会发生什么变动？

d. 物价水平的这种变动如何影响货币需求和均衡利率？

e. 这种分析与货币在短期中有真实影响,但在长期中是中性的这种观点一致吗?

【解答】

a. 如图 4 所示,货币供给增加会导致均衡利率下降。家庭将会增加支出并进行更多的住房投资。企业也会增加投资支出。如图 5 所示,这会导致总需求曲线向右移动。

b. 如图 5 所示,总需求的增加会导致短期中产量增加,物价水平上升(到 B 点)。

c. 当经济从其短期均衡转向长期均衡时,短期总供给减少,这会导致物价水平进一步上升(到 C 点)。

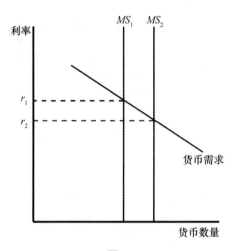

图 4

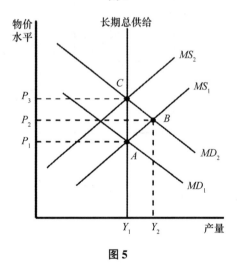

图 5

d. 物价水平上升导致货币需求增加,提高了均衡利率。

e. 一致。由于总需求增加使得初始产出增加;一旦短期总供给减少,则产出也减少。因此,货币供给的增加在长期中对实际产出没有影响。

3. 假设计算机病毒使全国的自动提款机系统瘫痪,使从银行账户提款更不方便。结果人们想持有的货币更多,这增加了货币需求。

   a. 假设美联储并没有改变货币供给。根据流动性偏好理论,利率会发生什么变化?总需求会发生什么变动?

   b. 如果美联储想稳定总需求,它应该如何改变货币供给?

   c. 如果美联储想运用公开市场操作来完成货币供给的这种改变,它应该如何做?

   【解答】

   a. 如图6所示,当可用的自动提款机变少时,货币需求增加,货币需求曲线从 MD_1 向右移动到 MD_2。如果美联储不改变货币供给,则在 MS_1 曲线上的利率会从 r_1 上升到 r_2。随着消费和投资的下降,上升的利率使得总需求曲线向左移动。

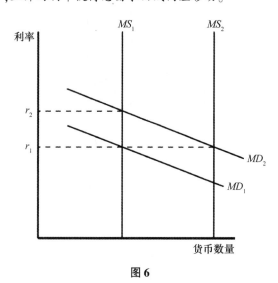

图6

   b. 如果美联储想稳定总需求,它应该增加货币供给到 MS_2,从而使得利率保持在 r_1 点而总需求不变。

   c. 如果美联储想运用公开市场操作来增加货币供给,则它应该购买政府债券。

4. 考虑两种政策——仅持续一年的减税和预期为永久的减税。哪一种政策将刺激消费者更多的支出?哪一种政策对总需求的影响更大?解释之。

   【解答】

   永久的减税对消费者支出和总需求影响更大。如果减税是永久的,消费者会把减税看作是他们大幅增加的财务来源,从而大幅增加支出。如果减税是暂时的,消费者会把减税看作是他们小幅增加的财务来源,因此不会增加太多支出。

5. 经济处于高失业和低产量的衰退中。

　　a. 用总需求与总供给图形说明当前经济状况。务必包括总需求曲线、短期总供给曲线和长期总供给曲线。

　　b. 确定能使经济恢复到自然水平的公开市场操作。

　　c. 用货币市场图形说明这种公开市场操作的影响，并说明其引起的利率变动。

　　d. 用类似于(a)中的图形说明公开市场操作对产量和物价水平的影响。用文字解释为什么政策具有你在图中说明的影响。

【解答】

a. 当前经济状况如图 7 所示。

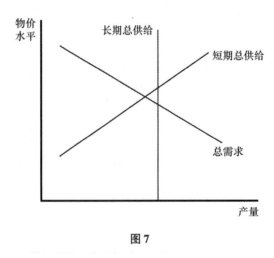

图7

b. 美联储为了刺激总需求，会通过向公众购买政府债券来增加货币供给，从而降低利率。

c. 如图 8 所示，美联储购买政府债券使得货币供给曲线向右移动，利率水平下降。

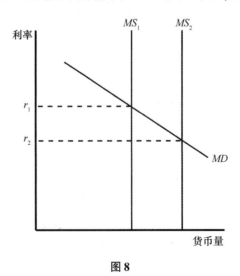

图8

d. 当消费者和企业对较低的利率做出反应时,美联储购买政府债券会增加总需求。如图9所示,产出会增加,物价水平会上涨。

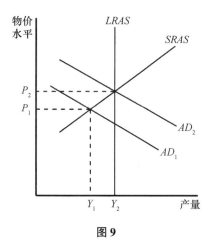

图9

6. 在20世纪80年代初,新立法允许银行对支票存款支付利息,而以前不允许这样做。

a. 如果我们把货币定义为包括支票存款,这一立法对货币需求有什么影响? 解释之。

b. 如果美联储面临这种变动时仍保持货币供给不变,利率会发生什么变动? 总需求和总产量会发生什么变动?

c. 如果美联储面临这种变动时想要保持市场利率(非货币资产的利率)不变,货币供给必然会发生什么变动? 总需求和总产量会发生什么变动?

【解答】

a. 立法允许银行对支票存款支付利息,相对于其他金融资产这会增加货币的收益,从而增加货币需求。

b. 如图10所示,如果货币供给保持不变(为 MS_1),那么货币需求的增加会导致利率上升。利率的上升会减少消费和投资,从而减少总需求和总产量。

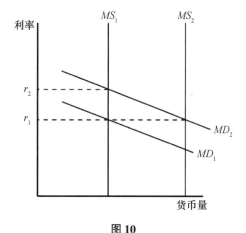

图10

c. 为了维持不变的市场利率,美联储需要增加货币供给(从 MS_1 到 MS_2)。总需求和总产量不受影响。

7. 假设经济学家观察到,政府支出增加 100 亿美元使物品与服务的总需求增加了 300 亿美元。

a. 如果这些经济学家不考虑挤出效应,他们估算的边际消费倾向(MPC)是多少?

b. 现在假设经济学家考虑挤出效应。对 MPC 的新的估算是大于还是小于原来的估算?

【解答】

a. 如果不考虑挤出效应,则乘数 $=1/(1-MPC)$。因为乘数是 3,因此边际消费倾向 MPC $=2/3$。

b. 如果考虑挤出效应,则 MPC 将会大于 2/3。大于 2/3 的 MPC 会导致乘数大于 3。由于挤出效应,乘数会降到 3。

8. 假设政府减税 200 亿美元,没有挤出效应,边际消费倾向是 3/4。

a. 减税对总需求的初始影响是多少?

b. 这种初始影响之后额外的影响是多少? 减税对总需求的总影响是多少?

c. 与政府支出增加 200 亿美元的总影响相比,减税 200 亿美元的总影响有什么不同? 为什么?

d. 根据你对(c)的回答,你能想出一种政府可以增加总需求而又不改变政府预算赤字的方法吗?

【解答】

a. 200 亿美元减税的初始影响是总需求增加 150 亿美元($200 \times 3/4 = 150$)。

b. 这种初始影响之后的额外影响是增加收入的被消费。在第二轮中,消费支出增加 112.5 亿美元($150 \times 3/4 = 112.5$)。在第三轮中,消费支出增加 84.4 亿美元($112.5 \times 3/4 = 84.4$)。额外影响不断循环无止境。所有加总的总影响取决于乘数。当 MPC 为 3/4 时,乘数为 $1/(1-3/4) = 4$。因此,减税 200 亿美元的总影响是 600 亿美元($150 \times 4 = 600$)。

c. 政府支出增加 200 亿美元的初始影响是 200 亿美元,因为它使总需求直接增加了 200 亿美元,因此政府支出增加的总影响为 800 亿美元(200×4),所以政府支出对产量的影响大于减税的影响。两者的不同之处在于,政府支出全部影响总需求,而减税的一部分会被消费者储蓄起来,因此不会导致总需求的太多增加。

d. 政府可以通过增加相同的税收来增加政府支出。

9. 一个经济在产出低于其自然水平4 000亿美元的水平上运行,而且财政政策决策者想弥补这种衰退的差额。中央银行同意调整货币供给以保持利率不变,因此不存在挤出效应。边际消费倾向是4/5,物价水平在短期中不变。为了弥补衰退差额,政府支出需要向哪个方向改变? 改变多少? 解释你的想法。

【解答】

如果边际消费倾向是4/5,那么消费乘数为 $1(1-4/5)=5$。因此,政府需要增加支出800亿美元 $(4\,000/5=800)$ 以弥补衰退差额。

10. 假设政府支出增加。这种增加对总需求的影响是在美联储保持货币供给不变,还是在美联储承诺保持利率不变时大? 解释之。

【解答】

如果政府支出增加,那么总需求将会上升,因此货币需求上升。总需求的上升会导致利率的上升。因此,如果美联储保持货币供给不变,这会导致总需求的下降。但是,如果美联储保持利率不变,它将会增加货币供给,从而使得总需求不会下降。因此,如果美联储保持利率不变,政府支出增加对总需求的影响更大。

11. 在下列哪一种情况下,扩张性财政政策更可能引起投资的短期增加? 解释之。

a. 当投资加速数大时,还是小时?

b. 当投资的利率敏感性大时,还是小时?

【解答】

a. 当投资加速数大时,扩张性财政政策更可能引起短期投资增加。投资加速数大意味着扩张性财政政策引起的产出增加,会导致投资的大量增加。如果投资加速数不大,投资将会下降,因为总需求的增加会导致利率的上升。

b. 当投资的利率敏感性小时,扩张性财政政策更可能引起短期投资增加。因为扩张性财政政策会增加总需求,总需求增加会导致货币需求增加和利率上升。因此,投资的利率敏感性越大,投资下降得越多,这会抵消投资加速数的正效应。

第35章
通货膨胀与失业之间的短期权衡取舍

学习目标

在本章中,学生应理解

- 为什么决策者会面对通货膨胀和失业之间的短期权衡取舍;
- 为什么长期中通货膨胀和失业之间的权衡取舍会消失;
- 供给冲击如何转变通货膨胀和失业之间的权衡取舍;
- 降低通货膨胀的短期成本;
- 决策者可信度如何影响降低通货膨胀的成本。

内容与目的

第35章是关于经济中围绕其长期趋势下经济短期波动三章中的最后一章。第33章介绍了总供给与总需求模型。第34章说明了货币政策和财政政策如何影响总需求。第33章和第34章都论述了物价水平与产出之间的关系。第35章将集中于讨论通货膨胀和失业之间的类似关系。

第35章的目的是追溯经济学家思考通货膨胀与失业之间关系的历史。学生将知道为什么在通货膨胀与失业之间存在短期权衡取舍,以及为什么不存在长期的权衡取舍。这个结论是总需求与总供给模型结论的延伸。在总需求与总供给模型中,由总需求变动引起的物价水平的变动,会暂时地改变产出,但对产出没有持久的影响。

要点

1. 菲利普斯曲线描述了通货膨胀和失业之间的负相关关系。通过扩大总需求,决策者可以在菲利普斯曲线上选择较高通货膨胀和较低失业的一点。通过紧缩总需求,决策者可以在菲利普斯曲线上选择较低通货膨胀和较高失业的一点。

2. 菲利普斯曲线所描述的通货膨胀与失业之间的权衡取舍只在短期中成立。在长期中,预期通货膨胀根据实际通货膨胀的变动进行调整,而短期菲利普斯曲线也会移动。因此,长期菲利普斯曲线是通过自然失业率的一条垂线。

3. 短期菲利普斯曲线也会由于总供给冲击而移动。不利的供给冲击,例如世界石油价格的上升,给了决策者一个较为不利的通货膨胀和失业之间的权衡取舍。也就是说,在不利的供给冲击后,决策者不得不在失业率既定时接受较高的通货膨胀率,或者在通货膨胀率既定时接受较高的失业率。

4. 当美联储紧缩货币供给增长以降低通货膨胀时,它使经济沿着短期菲利普斯曲线移动,这就引起暂时的高失业。反通货膨胀的代价取决于通货膨胀预期下降的速度。一些经济学家认为,可信任的低通货膨胀承诺可以通过引起预期的迅速调整而降低反通货膨胀的代价。

教材习题解答

即问即答

1. 画出菲利普斯曲线。用总需求与总供给模型说明政策如何使经济从这条曲线上高通货膨胀的一点移动到低通货膨胀的一点。

【解答】

菲利普斯曲线如图 1 所示。

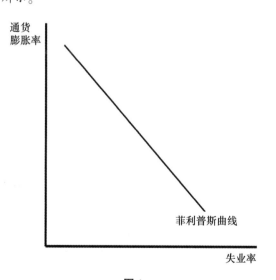

图1

如图 2 所示,为了说明政策如何将经济从高通货膨胀的点移动到低通货膨胀的点,假定经济开始点为 A 点。如果政策减少了总需求(如货币供给减少或政府支出减少),总需求曲线会从 AD_1 移动到 AD_2,较低通货膨胀的经济从 A 点移动到 B 点,真实 GDP 下降,失业率上升。

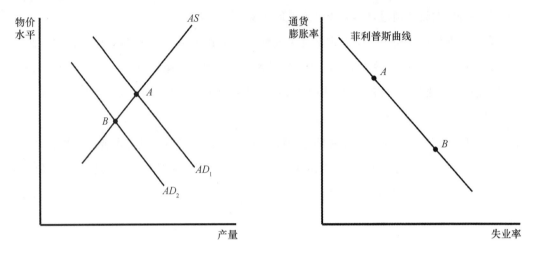

图 2

2. 画出短期菲利普斯曲线和长期菲利普斯曲线。解释它们为什么不同。

【解答】

短期菲利普斯曲线和长期菲利普斯曲线如图 3 所示。两者的不同在于,在长期中,货币政策对失业没有影响,失业在长期中将回到自然失业率。然而,在短期中,货币政策能影响失业率。货币增长率的提高导致实际通货膨胀超过预期通货膨胀;由于短期总供给曲线的斜率为正,企业将会提高产量,这会暂时减少失业。

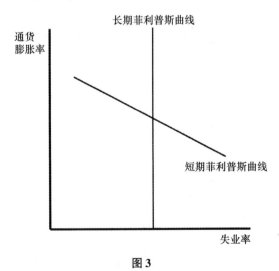

图 3

3. 举出一个有利的总供给冲击的例子。用总需求与总供给模型解释这种冲击的影响。它如何影响菲利普斯曲线？

【解答】

有利的总供给冲击的例子包括提高生产率和降低石油价格。如图 4 所示，任何一个冲击都会使得总供给曲线向右移动，产出增加，物价水平下降，经济从 A 点移到 B 点。如图所示，这导致菲利普斯曲线向左移动。

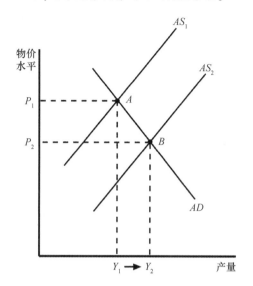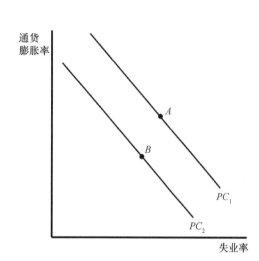

图 4

4. 什么是牺牲率？美联储降低通货膨胀承诺的可信度如何影响牺牲率？

【解答】

牺牲率是通货膨胀每减少一个百分点，年产量损失的百分点数。美联储降低通货膨胀承诺的可信度会影响牺牲率，这是因为它会影响通货膨胀调整的预期速度。如果美联储降低通货膨胀的承诺是可信的，人们将会立即降低其通货膨胀预期，短期菲利普斯曲线会向下移动，产出减少引起的通货膨胀下降成本较低。但是，如果美联储降低通货膨胀的承诺是不可信的，人们将不会立即降低其通货膨胀预期，产出减少引起的通货膨胀下降成本较高。

复习题

1. 画出通货膨胀与失业之间的短期权衡取舍。美联储如何使经济从这条曲线上的一点移动到另一点？

【解答】

通货膨胀与失业之间的短期权衡取舍如图 5 所示。美联储通过改变货币供给使得经济从曲线上的一点移动到另一点。货币供给增加会降低失业率,提高通货膨胀率,而货币供给减少会提高失业率和降低通货膨胀率。

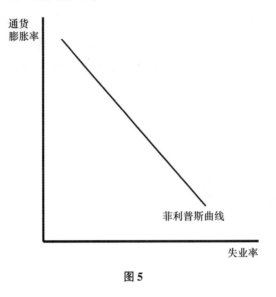

图 5

2. 画出通货膨胀与失业之间的长期权衡取舍。解释短期权衡取舍与长期权衡取舍如何相关。

【解答】

通货膨胀与失业之间的长期权衡取舍如图 6 所示。在长期中,通货膨胀与失业之间没有权衡取舍,因为在长期菲利普斯曲线上,经济一定会回到自然失业率状态。在短期中,经济能沿着短期菲利普斯曲线移动,如图中的 $SRPC_1$ 所示。但是,随着时间的推移(随着通货膨胀预期的调整),短期菲利普斯曲线会移动,使经济回到长期菲利普斯曲线上,如从 $SRPC_1$ 移动到 $SRPC_2$。

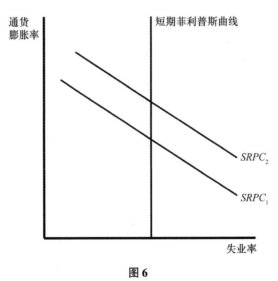

图 6

3. 自然失业率中的"自然"是什么意思？为什么各国的自然失业率不同？

【解答】

自然失业率是自然的,是因为它不受货币政策的影响。无论通货膨胀率如何,失业率在长期中都会回到自然失业率状态。

不同国家的自然失业率不同,是因为每个国家有不同的工会力量、最低工资法、集体谈判法、失业保险、就业培训计划以及其他影响劳动市场的因素。

4. 假设干旱摧毁了农作物并使食物价格上升。这对通货膨胀与失业之间的短期权衡取舍有什么影响？

【解答】

如果干旱摧毁了农作物并使食物价格上升,那么由于生产成本的上升,会使得短期总供给曲线向左移动,短期菲利普斯曲线向右移动。对于任何给定的失业率,短期菲利普斯曲线越高意味着通货膨胀率越高。

5. 美联储决定降低通货膨胀。用菲利普斯曲线说明这种政策的短期影响与长期影响。如何可以减少短期的代价呢？

【解答】

如图 7 所示,如果美联储决定降低通货膨胀,经济将会沿着短期菲利普斯曲线向下移动。在短期菲利普斯曲线 $SRPC_1$ 上,经济初始点为 A 点。随着通货膨胀的下降,经济沿着曲线向下移动到 B 点。当人们预期通货膨胀会下降时,短期菲利普斯曲线向左移动到 $SRPC_2$,经济移动到 C 点。如果美联储的行动是可信的,那么由于失业率暂时高于自然失业率引起的反通货膨胀成本将会下降,从而使得通货膨胀预期调整更快。

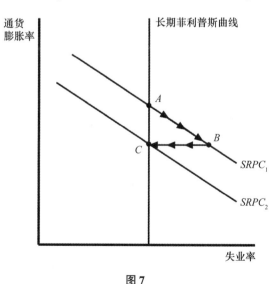

图7

快速单选

1. 当美联储增加货币供给时,它_____了总需求,并使经济沿着菲利普斯曲线达到_____通货膨胀和_____失业的一点。
   - a. 扩大,更高,更高
   - b. 扩大,更高,更低
   - c. 扩大,更低,更高
   - d. 紧缩,更低,更高

2. 如果美联储提高货币增长率并把它维持在这一新的更高增长率上,最终预期通货膨胀将_____,而且短期菲利普斯曲线将_____移动。
   - a. 下降,向下
   - b. 下降,向上
   - c. 上升,向下
   - d. 上升,向上

3. 当一个不利的供给冲击使短期总供给曲线向左移动时,它也会_____。
   - a. 使经济沿着短期菲利普斯曲线向更高通货膨胀和更低失业的一点移动
   - b. 使经济沿着短期菲利普斯曲线向更低通货膨胀和更高失业的一点移动
   - c. 使短期菲利普斯曲线向右移动
   - d. 使短期菲利普斯曲线向左移动

4. 理性预期理论的支持者认为:
   - a. 如果决策者做出低通货膨胀的可信承诺,牺牲率就会低很多。
   - b. 如果反通货膨胀让人们吃惊,它对失业的影响就最小。
   - c. 工资与物价的决定者不会预期中央银行遵循自己的诺言。
   - d. 预期通货膨胀取决于最近人们所观察到的通货膨胀率。

5. 从这一年到下一年,通货膨胀从5%下降到4%,而失业率从6%上升到7%。以下哪一件事引起了这种变化?
   - a. 中央银行提高了货币供给增长率。
   - b. 政府削减支出并增税以减少预算赤字。
   - c. 新发现的石油资源引起世界石油价格暴跌。
   - d. 新美联储主席的任命提高了预期通货膨胀。

6. 从这一年到下一年,通货膨胀从4%上升到5%,而失业从6%上升到7%,以下哪一件事引起了这种变化?
   - a. 中央银行提高了货币供给增长率。
   - b. 政府削减支出并增税以减少预算赤字。

c. 新发现的石油资源引起世界石油价格暴跌。

d. 新美联储主席的任命提高了预期通货膨胀。

【答案】 1. b 2. d 3. c 4. a 5. b 6. d

问题与应用

1. 假设自然失业率是6%。在一幅图上画出可以用来描述下列四种情况的两条菲利普斯曲线。标出表明每种情况下经济所处位置的点。

a. 实际通货膨胀率是5%,而预期通货膨胀率是3%。

b. 实际通货膨胀率是3%,而预期通货膨胀率是5%。

c. 实际通货膨胀率是5%,预期通货膨胀率也是5%。

d. 实际通货膨胀率是3%,预期通货膨胀率也是3%。

【解答】

两条不同短期菲利普斯曲线所描述的四个点如图 8 所示。a 点和 d 点在曲线 $SRPC_1$ 上,因为两者的预期通货膨胀率都是3%。b 点和 c 点在曲线 $SRPC_2$ 上,因为两者的预期通货膨胀率都是5%。

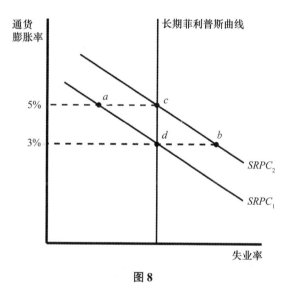

图 8

2. 说明下列情况对短期菲利普斯曲线和长期菲利普斯曲线的影响。给出你的答案所依据的经济推理。

a. 自然失业率上升。

b. 进口石油价格下降。

c. 政府支出增加。

d. 预期通货膨胀下降。

【解答】

a. 如图 9 所示,自然失业率的上升使得长期菲利普斯曲线和短期菲利普斯曲线都向右移动。经济在 $LRPC_1$ 和 $SRPC_1$ 上的初始通货膨胀率为 3%,这也是预期的通货膨胀率。自然失业率的上升使得长期菲利普斯曲线移动到 $LRPC_2$,短期菲利普斯曲线移动到 $SRPC_2$,此时预期通货膨胀率仍旧为 3%。

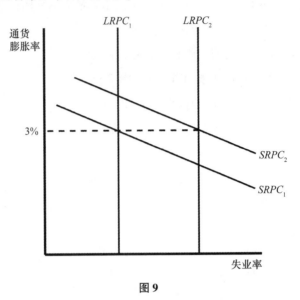

图 9

b. 如图 10 所示,进口石油价格下降使得短期菲利普斯曲线从 $SRPC_1$ 向左移动到 $SRPC_2$。对于任何给定的失业率,由于石油在经济中对生产成本的重要作用,通货膨胀率下降。

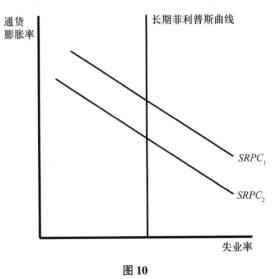

图 10

c. 如图 11 所示,政府支出增加会使得总需求增加,经济沿着短期菲利普斯曲线移动。随着失业率下降和通货膨胀率上升,经济从 A 点移动到 B 点。

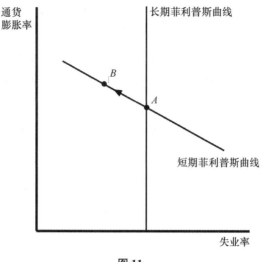

图 11

d. 如图 12 所示,预期通货膨胀下降会使得短期菲利普斯曲线向左移动。较低的通货膨胀预期使得短期菲利普斯曲线从 $SRPC_1$ 向左移动到 $SRPC_2$。

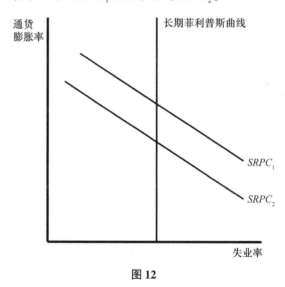

图 12

3. 假设消费支出减少引起了一次衰退。

a. 用总供给-总需求图和菲利普斯曲线图说明经济的即时变动。在这两幅图上标出最初的长期均衡 A 点,以及所引起的短期均衡 B 点。短期中通货膨胀与失业发生了什么变动?

b. 现在假设,随着时间推移,预期通货膨胀与实际通货膨胀同方向变动。短期菲利普斯曲线的位置会发生什么变动?在衰退过去以后,经济面临的通货膨胀—失业的组合是变好了还是变坏了?

【解答】

a. 消费支出减少引起的衰退,在总供给–总需求图和菲利普斯曲线图中的经济即时变动如图13所示。在这两幅图中,完全就业经济初始点为 A 点。消费支出减少导致总需求下降,使得需求曲线从 AD_1 向左移动到 AD_2。经济初始点仍然保持在短期总供给曲线 AS_1 上,因此新均衡点为 B 点。总需求曲线沿着短期总供给曲线的运动,使得运动沿着短期菲利普斯曲线从 A 点移动到 B 点。在总供给–总需求图上的较低物价水平对应于菲利普斯曲线图上较低的通货膨胀率。在总供给–总需求图上的较低产量水平对应于菲利普斯曲线图上较高的失业率。

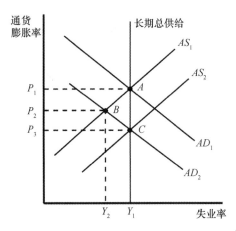
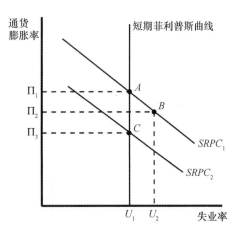

图 13

b. 随着时间推移,预期通货膨胀下降,短期总供给曲线从 AS_1 向右移动到 AS_2,短期菲利普斯曲线从 $SRPC_1$ 向左移动到 $SRPC_2$。在两幅图中,经济最终会回到长期总供给曲线和长期菲利普斯曲线上的 C 点。当衰退过去以后,经济会面临一个变好的通货膨胀—失业组合。

4. 假设经济处于长期均衡。

a. 画出该经济的短期菲利普斯曲线与长期菲利普斯曲线。

b. 假设企业界的悲观情绪使总需求减少了。说明这种冲击对你(a)中图形的影响。如果美联储采用扩张性货币政策,它可以使经济回到原来的通货膨胀率和失业率吗?

c. 现在假设经济回到了长期均衡,然后进口石油的价格上升了。用像(a)中那样的新图形说明这种冲击的影响。如果美联储采取扩张性货币政策,它能使经济回到原来的通货膨胀率和失业率吗?如果美联储采取紧缩性货币政策,它能使经济回到原来的通货膨胀率和失业率吗? 解释为什么这种情况不同于(b)中的情况。

【解答】

a. 如图14所示,经济处于长期均衡 a 点,该点为长期菲利普斯曲线和短期菲利普斯曲线的交点。

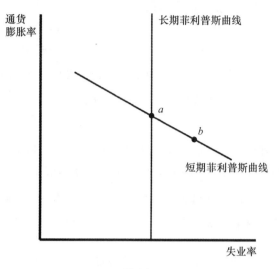

图14

b. 如图所示,如果企业界的悲观情绪使总需求减少了,这会使得经济从 a 点移动到 b 点。这会导致失业率上升,通货膨胀率下降。如果美联储实施扩张性货币政策,能使总需求上升,消除悲观情绪,使经济回到初始的通货膨胀率和失业率状态,即 a 点。

c. 进口石油价格上升对经济的影响如图15所示。较高的石油价格使得短期菲利普斯曲线从 $SRPC_1$ 向右移动到 $SRPC_2$,经济从 a 点移动到较高通货膨胀率和较高失业率的 c

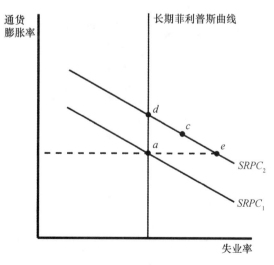

图15

点。如果美联储实施扩张性的货币政策,它能使经济回到初始失业率 d 点,但是通货膨胀率将会上升。如果美联储实施紧缩的货币政策,能使经济回到初始通货膨胀率 e 点,但是失业率将会上升。这种情况不同于(b)中的情况,因为在(b)中,经济在同一条短期菲利普斯曲线上移动,而在(c)中经济移动到更高的短期菲利普斯曲线上了,这使得决策者面对通货膨胀和失业权衡时更为不利。

5. 通货膨胀率是10%,并且中央银行正在考虑放慢货币增长率,以使通货膨胀率降到5%。经济学家 Milton 相信通货膨胀预期会迅速对新政策做出变动,而经济学家 James 认为预期变动非常缓慢。哪一个经济学家更有可能支持所提议的货币政策的改变?为什么?

【解答】

相信通货膨胀预期会迅速对新政策做出变动的经济学家,比起持相反观点的经济学家更有可能支持降低通货膨胀率的货币紧缩政策。如果通货膨胀预期调整迅速,降低通货膨胀率的成本(在减少产出方面)将会相对较小。因此,经济学家 Milton 比起经济学家 James 更有可能支持降低通货膨胀率的政策。

6. 假设美联储的政策是通过使失业处于自然失业率水平来维持低且稳定的通货膨胀。然而,美联储认为自然失业率为4%,但实际的自然失业率是5%。如果美联储把这个信念作为政策决策的基础,经济会发生什么变动?美联储会认识到,它对于自然失业率的信念是错误的吗?

【解答】

如图16所示,当自然失业率为5%时,如果美联储坚持认为自然失业率是4%,那么会导致通货膨胀率螺旋上升。从长期菲利普斯曲线上失业率为5%的一点开始,由于此时失

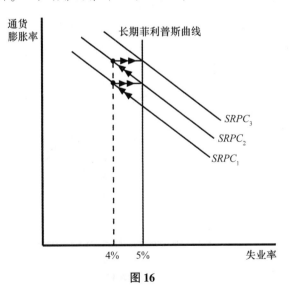

图 16

业率5%高于其认为的自然失业率4%，美联储会认为经济处于衰退中。因此，美联储将增加货币供给，使经济沿着短期菲利普斯曲线 $SRPC_1$ 移动，通货膨胀率将上升，失业率将下降到4%。通货膨胀率上升一段时间后，预期通货膨胀将会上升，短期菲利普斯曲线将向右移动到 $SRPC_2$。随着这个过程的不断持续，通货膨胀率将会螺旋上升。

通过检查通货膨胀率不断上升的趋势，美联储最终会认识到它对自然失业率的信念是错误的。

7. 假设美联储宣布，它将实施紧缩性货币政策以降低通货膨胀率。下列情况会使接下来的衰退更加严重还是有所缓和？解释原因。

   a. 工资合同期限变短。

   b. 很少有人相信美联储降低通货膨胀率的决心。

   c. 通货膨胀预期迅速对实际通货膨胀做出调整。

   【解答】

   a. 如果工资合同期限变短，紧缩货币政策导致的衰退将会有所缓和。这是因为工资合同期限变短能对通货膨胀率下降迅速做出调整。这将使短期总供给曲线和短期菲利普斯曲线迅速调整，让经济恢复到长期均衡。

   b. 如果很少有人相信美联储降低通货膨胀率的决心，紧缩货币政策导致的衰退将会加重。这将使得人们的通货膨胀预期向下调整需要更长的时间。

   c. 如果通货膨胀预期迅速对实际通货膨胀做出调整，由于紧缩货币政策导致的衰退将会有所缓和。在这种情况下，人们的通货膨胀预期调整迅速；因此短期菲利普斯曲线移动迅速，使得经济恢复到自然失业率所在的长期均衡。

8. 正如本章所描述的，2008 年美联储面临由住房与金融危机引起的总需求减少以及由商品价格上升引起的短期总供给减少。

   a. 从长期均衡出发，用总供给—总需求图和菲利普斯曲线图说明这两种变化的影响。在这两个图上，标出长期均衡 A 点和所引起的短期均衡 B 点。说明以下每一个变量是上升了还是下降了，或者影响是不是明确的：产量、失业、物价水平、通货膨胀率。

   b. 假设美联储迅速对这些冲击做出反应并调整货币政策，以把失业和产量保持在各自的自然水平上。它会采取什么行动？在(a)中的同一组图形上表明结果。把新均衡标为 C 点。

   c. 为什么美联储的选择不遵循(b)中描述的行动过程？

   【解答】

   a. 如图 17 左图所示，均衡产量和失业率将会下降。然而，对物价水平和通货膨胀率的影响不明确。总需求下降会对价格带来下降压力，而短期总供给的下降会促使价格上涨。

图 17 右图假设通货膨胀率上升。

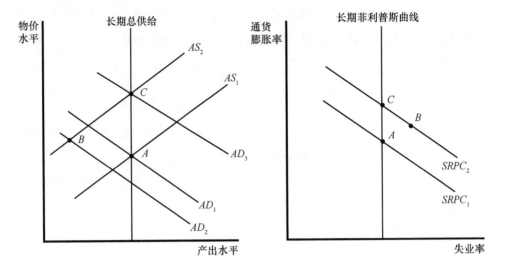

图 17

b. 美联储将不得不实施扩张性货币政策，以使产量和就业保持在自然水平。总需求曲线
   将会向右移动到 AD_3。

c. 美联储选择不遵循(b)中的行动是因为这将会导致通货膨胀率上升到 C 点所示的
   水平。

第36章
宏观经济政策的六个争论问题

学习目标

在本章中,学生应理解

- 决策者是否应该试图稳定经济的争论;
- 政府是否应该增加支出或减税来应对经济衰退的争论;
- 货币政策是否应该按规则制定,而不是相机抉择的争论;
- 中央银行是否应该把零通货膨胀作为目标的争论;
- 政府是否应该平衡其预算的争论;
- 是否应该为鼓励储蓄而修改税法的争论。

内容与目的

第36章是本书的最后一章.它主要论述宏观经济学中六个未解决的问题,每个问题都是当前政治争论的中心。可以一次性学完本章全部内容,也可以与涉及相关内容的前面章节结合起来学习本章的部分内容。

第36章的目的是提供宏观经济政策的六个主要争论问题的双方观点。它运用了学生在教科书的学习中积累起来的信息与工具。本章有助于学生对所论述的问题有一个立场,或者至少有助于他们理解那些持有其他立场的人的理由。

要点

1. 积极货币政策与财政政策的支持者认为,经济本质上是不稳定的,并相信政府可以管理总需求,以抵消内在的不稳定性。积极货币政策与财政政策的批评者强调,政策对经济的影响存在时滞,而且我们预期未来经济状况的能力是很差的,因此稳定经济的努力可能以使经济不稳定而告终。

2. 增加政府支出以应对衰退的的支持者认为,由于减少的税收可能被用于储蓄而不是支出,因此直接的政府支出能更多地增加总需求,这是促进生产和就业的关键。增加政府支出的批评者认为,减税既可以扩大总需求又可以扩大总供给,而且政府支出迅速增加会引起浪费性的公共项目产生。

3. 货币政策规则的支持者认为,相机抉择的政策会饱受能力不足、滥用权力和政策前后不一致性之苦。货币政策规则的批评者认为,相机抉择的政策在对变化着的经济环境做出反应时较为灵活。

4. 零通货膨胀目标的支持者强调,通货膨胀有许多成本,而且即使有好处也很少。此外,消除通货膨胀的代价——压低产量和就业——只是暂时的。如果中央银行宣布一项可信的降低通货膨胀的计划,从而直接降低通货膨胀预期,那么甚至连这种代价也可以减少。零通货膨胀目标的批评者认为,温和的通货膨胀给社会只带来很小的成本,而降低通货膨胀所需的衰退则代价高昂。批评者也指出几种缓和的通货膨胀可以有助于经济的方法。

5. 平衡政府预算的支持者认为,预算赤字通过增加子孙后代的税收并减少他们的收入而把不公正的负担加在他们身上。平衡政府预算的批评者认为,赤字只是财政政策的一小部分。只关心预算赤字会忽略诸多方面,包括各种支出计划在内的财政政策能够影响几代人的利益。

6. 税收激励储蓄观点的支持者指出,我们的社会用许多方法抑制储蓄,例如对资本收益征收重税和减少那些积累了财富的人享有的补助。他们支持修改税法以鼓励储蓄,比如把所得税改为消费税。税收激励储蓄观点的批评者认为,许多刺激储蓄的变动主要是使富人受益,而这些富人并不需要减税。他们还认为,这种变化对私人储蓄只有微小的影响。通过降低政府预算赤字来增加公共储蓄可以提供更直接、更平等地增加国民储蓄的方法。

教材习题解答

即问即答

1. 解释为什么货币政策与财政政策的作用存在时滞。为什么在积极与消极的政策选择中这些时滞至关重要?

   【解答】

   货币政策与财政政策的作用存在时滞。货币政策的作用存在时滞是因为它影响住房和企业投资,但是这些投资支出计划通常是提前确定的。因此,对于货币政策的变动,通过利率作用影响投资需要时间。财政政策的作用存在时滞是因为政府改变支出与税收的漫长政治进程。

在积极与消极的政策选择中这些时滞至关重要,这是因为如果时滞长,我们只能依据对遥远未来状况的猜测来制定今天的政策。既然政策开始实施到它发生作用这段时间内,经济状况可能会发生变动,因此政策变动可能是不稳定的。因此,长时滞表明政策是消极的而不是积极的。

2. 根据传统的凯恩斯主义分析,哪一种方法——减税 1 美元或者增加政府支出 1 美元——对 GDP 影响更大? 为什么?

【解答】

增加政府支出 1 美元比减税 1 美元对 GDP 影响更大。这是因为,通常来说,一些减税将最终作为储蓄。

3. 举出一个货币政策规则的例子。你的规则为什么可能会比相机抉择的政策更好? 为什么可能更糟?

【解答】

货币政策规则的例子很多。一个例子是规定每年货币增长率为 3%。这种规定比相机抉择政策更好,因为它将避免政治性经济周期和时间不一致问题。它也可能比相机抉择政策更糟,因为当出现经济冲击时,它会束缚美联储采取灵活的手段。例如,面对股票市场灾难,即使看到经济陷入衰退,规则也会阻止美联储实施货币宽松政策。

4. 说明把通货膨胀降为零的成本与收益。其中,哪些是暂时的? 哪些是持久的?

【解答】

把通货膨胀降为零的收益包括:(1) 减少皮鞋成本;(2) 减少菜单成本;(3) 减少相对物价变动;(4) 阻止由于税法的非指数化导致的税收负担的非预期变动;(5) 消除计价单位变化引起的混乱和不便;(6) 阻止与美元计价债务相关的财富任意再分配。这些收益都是长期的。把通货膨胀降为零的成本是降低通货膨胀所需的高失业和低产出。根据自然失业率假说,这些成本是暂时的。

5. 解释减少政府预算赤字会如何使子孙后代状况变好。哪一种财政政策能比减少政府预算赤字更好地改善子孙后代的生活?

【解答】

减少预算赤字会使子孙后代状况变好,因为较少的债务会使未来的税收较低。此外,较少的债务会降低实际利率,导致投资增加,导致未来较高的资本存量,这意味着未来较高的劳动生产率和较高的实际工资。增加教育支出的财政政策能比减少政府预算赤字更好地改善子孙后代的生活,同时增加教育支出也会增加未来收入。

6. 举出我们的社会不鼓励储蓄的三个例子。取消这些抑制措施有什么弊端？

【解答】

我们的社会不鼓励储蓄的例子：(1) 对利息收益征税；(2) 对某些形式的资本双重征税；(3) 对遗产征税；(4) 根据经济状况发放福利和医疗补助；(5) 根据财富提供财政补助。取消这些抑制措施的弊端是，在很多情况下，这会减少富人的税收负担；而税收收入的减少又会使政府提高其他税收，从而增加穷人的税收负担。

复习题

1. 是什么因素引起了货币政策与财政政策对总需求影响的时滞？这些时滞对积极与消极政策争论的含义是什么？

【解答】

货币政策与财政政策对总需求的影响存在时滞基于以下因素：许多家庭和企业会提前确定他们的支出计划，因此，通过利率或税收来改变物品和服务的总需求需要时间。此外，由于政治进程，财政政策发生作用缓慢。因为经济不能立即对政策变动做出反应，这使得实施积极稳定的政策比较困难。

2. 根据传统的凯恩斯主义分析，为什么减税对 GDP 的影响要小于相似规模的政府支出增加对 GDP 的影响？为什么不是相反的情况？

【解答】

根据传统的凯恩斯主义分析，减税对 GDP 的影响小于相似规模的政府支出增加对 GDP 的影响，因为一些减税收入可能被用于储蓄而不是支出。然而，减税也可能增加总供给，比政府支出增加对产出的影响更大。

3. 什么会促使中央银行领导人引起政治性经济周期？政治性经济周期对政策规则争论的含义是什么？

【解答】

试图影响总统竞选结果会促使中央银行领导人引起政治性经济周期。一个同情现任总统的中央银行领导人知道，如果经济在竞选期间表现良好，现任总统很有可能再度当选。因此，中央银行领导人将会在竞选前刺激经济。为了防止这种情况的发生，货币政策应该按规则制定而不是相机抉择。

4. 解释信任如何影响降低通货膨胀的代价。

【解答】

信任会影响降低通货膨胀的成本，因为它会影响短期菲利普斯曲线调整的速度。如果政府宣布的降低通货膨胀计划是可信的,那么短期菲利普斯曲线将会迅速向下移动,反通货膨胀成本较低。但是如果该计划不可信,人们将不会调整他们的通货膨胀预期,从而使得短期菲利普斯曲线移动缓慢,反通货膨胀成本较高。

5. 为什么一些经济学家反对零通货膨胀目标?

【解答】

一些经济学家反对零通货膨胀目标是因为他们认为实现零通货膨胀成本大而收益小。

6. 解释政府预算赤字伤害下一代工人的两种方式。

【解答】

政府预算赤字伤害下一代工人的两种方式:(1) 政府为了偿还债务,对下一代工人征较高税收;(2) 由于挤出效应,预算赤字导致经济资本存量下降,因此下一代工人收入降低。

7. 大多数经济学家认为预算赤字在哪两种情况下有其合理性?

【解答】

预算赤字在以下两种情况下具有其合理性:(1) 战争时期,税率不必提高太多,以至于大量无谓损失;(2) 经济活动暂时下降时期,因为平衡预算赤字会迫使政府增加税收并减少支出,从而使得经济恶化。

8. 一些经济学家说,政府可以永远有预算赤字。怎么有这种可能性呢?

【解答】

政府可以永远有预算赤字,因为人口和生产率在持续增长。因此,偿还债务的经济能力随着时间推移而增长。只要政府债务增长慢于经济收入的增长,政府预算赤字就可以永远持续下去。

9. 政府对一些资本收益双重征税。请解释这个观点。

【解答】

政府会对公司股票资本收益进行双重征税。它首先以企业所得税形式对资本收益征税;其次以个人所得税形式对分红收入征税。

10. 增加储蓄的税收激励可能造成什么不利影响?

【解答】

增加储蓄的税收激励可能对提高政府预算赤字产生不利影响,这会减少公共储蓄。因此,即使私人储蓄增加,国民储蓄也并不一定增加。

快速单选

1. 货币政策的变动想要影响到总需求大约需要多长时间?

   a. 1 个月　　　　　　b. 6 个月　　　　　　c. 2 年　　　　　　d. 5 年

2. 根据传统的凯恩斯主义分析,以下哪一项增加总需求的政策最有效?

   a. 增税 1 000 亿美元。

   b. 减税 1 000 亿美元。

   c. 政府支出增加 1 000 亿美元。

   d. 政府支出减少 1 000 亿美元。

3. 按规则而不是相机抉择来确定货币政策的支持者通常认为:

   a. 相机抉择的中央银行领导人会被诱惑背离其已宣布的低通货膨胀的承诺。

   b. 遵守规则的中央银行领导人将对政治程序的要求更负责任。

   c. 与货币政策相比,财政政策在稳定经济方面是更好的工具。

   d. 有时经济经历突发性通货膨胀是有益的。

4. 以下哪一项不是支持维持正通货膨胀率的观点?

   a. 它会使真实利率成为负数。

   b. 它会允许在没有减少名义工资的情况下降低真实工资。

   c. 它增加了相对价格的变动。

   d. 把通货膨胀降为零成本太高。

5. 在整个美国历史上,政府债务大幅度增加的最常见原因是_____。

   a. 衰退　　　　　　b. 战争　　　　　　c. 金融危机　　　　　　d. 减税

6. 对消费而不是收入征税的支持者认为:

   a. 消费税是更好的自动稳定器。　　　　b. 对消费征税不会引起任何无谓损失。

   c. 富人收入中消费的比例高于穷人。　　d. 当前的税法不鼓励人们储蓄。

【答案】　1. b　2. c　3. a　4. c　5. b　6. d

问题与应用

1. 本章提出,经济像人体一样有"自我恢复能力"。

   a. 用总需求与总供给图说明总需求减少的短期效应。总产量、收入和就业会发生什么变动?

b. 如果政府不采取稳定政策,随着时间的推移,经济会发生什么变动?用你的图加以说明。进行这种调整一般需要几个月还是几年?

c. 你认为经济的"自我恢复能力"意味着决策者应该对经济周期做出消极反应吗?

【解答】

a. 总需求减少的短期效应如图1所示。经济刚开始在总需求曲线 AD_1 和短期总供给曲线 AS_1 的均衡点 A 点上。总需求的减少使得总需求曲线从 AD_1 移到 AD_2,经济移动到 B 点,总产量从 Y_1 下降到 Y_2,因此收入和就业都下降。

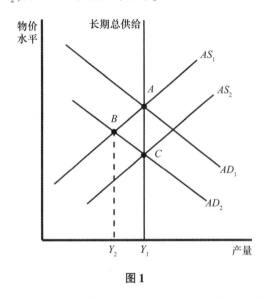

图1

b. 如果政府不采取稳定政策,经济随着时间的推移会逐渐恢复。经济衰退会导致工资下降,从而使得生产成本下降,短期供给曲线向右移动到 AS_2。经济最终移动到 C 点,此时物价水平下降了,但是产量恢复到 Y_1。然而,这个过程可能需要好几年才能完成。

c. 如果决策者做出消极反应,经济最终会自我恢复,但是会非常缓慢。如果决策者使得总需求曲线向右移动,将会使得经济快速回到长期均衡。然而,由于时滞和不完全信息,增加总供给的政策可能不稳定。

2. 想稳定经济的决策者必须确定货币供给、政府支出或税收变动多少。为什么对决策者来说,选择他们行动的适当力度是困难的?

【解答】

对于决策者来说,选择行动的适当力度是困难的,这是因为政策变动和政策影响总需求之间存在时滞,预测未来经济状况也是困难的。同时,预测消费者和企业对政策变动的敏感程度也是困难的。

3. 政策前后不一致问题既适用于财政政策,也适用于货币政策。假设政府宣布降低对新工厂这类资本投资收入的税收。

   a. 如果投资者相信资本税会保持低水平,那么政府行为对投资水平有什么影响?

   b. 在投资者对宣布的减税政策做出反应之后,政府有取消这项政策的激励吗? 解释之。

   c. 在你对(b)的答案既定时,投资者会相信政府的声明吗? 什么因素可以使政府提高其所宣布的政策变动的可信度?

   d. 解释为什么这种情况类似于货币政策决策者面临的政策前后不一致问题。

【解答】

   a. 如果投资者相信资本税会保持低水平,那么资本税下降会导致投资增加。

   b. 投资增加之后,政府有取消这项政策的动机,因为通过对较高的资本存量带来的较高收入征收较高的税,政府可以得到更多的税收收入。

   c. 当政府宣布降低税率时,考虑到政府有取消这种承诺的明显激励,企业将不愿意增加投资。政府可以通过某种方式承诺降低未来税率来增加税收变动的可信度。例如:颁布一个法规对下一年投资的所有资本收益都保证低的未来税率,或颁布一个如果提高未来税收会惩罚自己的法规。

   d. 这种情况类似于货币政策决策者面临的政策前后不一致问题,因为政府的动机会随着时间推移而改变。在这两类情况中,一旦人们做出经济决策,政府都有动机说是一回事,做又是另一回事。例如,在货币政策中,决策者宣布降低通货膨胀的意图(从而使得企业和工人以较低的名义工资形成劳动合同),之后决策者通过提高通货膨胀来减少真实工资,刺激经济。

4. 第2章解释了实证分析与规范分析之间的差别。在关于中央银行是否应该把零通货膨胀作为目标的争论中,哪一部分有争论的内容涉及实证表述,哪一部分涉及规范判断?

【解答】

关于减少通货膨胀成本大小问题时,关于通货膨胀的成本是高的还是低的的争论属于实证表述。但是关于美联储是否应该把通货膨胀率降到零的问题属于规范分析。

5. 为什么降低通货膨胀的收益是持久的而成本是暂时的? 为什么增加通货膨胀的成本是持久的而收益是暂时的? 运用菲利普斯曲线回答。

【解答】

如图2所示,降低通货膨胀的收益是持久的,而成本是暂时的。经济初始点为 A 点。为了降低通货膨胀,美联储实施紧缩货币政策使经济沿着短期菲利普斯曲线 $SRPC_1$ 向下移动。通货膨胀率下降,失业率上升,因此存在降低通货膨胀的成本。但是成本是暂时的,因为短期菲利普斯曲线最终会向左移动到 $SRPC_2$，经济最终在 B 点。因为 B 点的通货膨胀率低于 A 点，并且 B 点在长期菲利普斯曲线上，因此可知降低通货膨胀的收益是持久的。

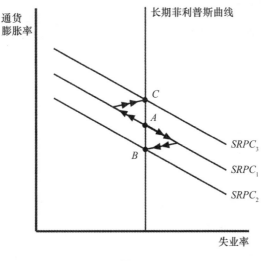

图2

同理，增加通货膨胀的成本是持久的而收益是暂时的。假定经济初始点为 A 点。为了提高通货膨胀，美联储实施扩张性货币政策使经济沿着短期菲利普斯曲线 $SRPC_1$ 向上移动。通货膨胀率上升，失业率下降，因此存在增加通货膨胀的收益。但是收益是暂时的，因为短期菲利普斯曲线最终会向右移动到 $SRPC_3$，经济最终在 C 点。因为 C 点的通货膨胀率高于 A 点，并且 C 点在长期菲利普斯曲线上，因此可知增加通货膨胀的成本是持久的。

6. 假设联邦政府削减税收并增加支出，这使预算赤字提高到 GDP 的 12%。如果名义 GDP 每年增加 5%，那么这种预算赤字会永远持续下去吗？解释之。如果这种预算赤字规模保持20 年，那么未来你的税收和你孩子的税收会发生什么变动？今天你个人能做些什么来抵消这种未来的影响？

【解答】

如果预算赤字是 GDP 的 12%，名义 GDP 每年增加 5%，那么政府债务对 GDP 的比率会一直上升，直到达到相当高的水平。（这个水平为：债务/收入 = 12/5，因为在这个点，预算赤字是 GDP 的 12%，GDP 增长 5%，债务/收入比保持在 12/5。为了可持续，债务和 GDP 的增长率必须相同，每年增长 5%。如果预算赤字是 GDP 的 12%，每年增长 5%，那么债务对 GDP 的比率必须为 12/5，从而使得预算赤字为 GDP 的 12%，同时保持债务对 GDP 的常数比率）。这么高的债务水平很可能会使得政府对子孙后代征收更高的税。为了避免子孙后代支付如此高的税收，你现在可以增加你的储蓄作为遗产留给他们。

7. 解释下列每一种政策如何在各代人中进行收入再分配,是从年轻人再分配给老年人,还是从老年人再分配给年轻人?

    a. 预算赤字增加。

    b. 更多的教育贷款补贴。

    c. 更多地投资于高速公路与桥梁。

    d. 社会保障补助增加。

【解答】

    a. 预算赤字增加是把收入从年轻人再分配给老年人,因为子孙后代将不得不支付较高的税并有较低的资本存量。

    b. 更多的教育贷款补贴是把收入从老年人再分配给年轻人,因为子孙后代将获得较高的人力资本收益。

    c. 更多地投资于高速公路与桥梁是把收入从老年人再分配给年轻人,因为子孙后代将获得较高水平的公共资本收益。

    d. 社会保障补助增加是把收入从年轻人再分配给老年人,因为当前的工人补助了这些退休者的福利。

8. 如果社会选择多储蓄,它面临的基本权衡取舍是什么?政府如何增加国民储蓄?

【解答】

如果社会选择多储蓄,那么它面临的基本权衡取舍是不得不减少消费。因此,如果想将来收入更多、消费更多,那么社会需要今天消费更少、储蓄更多。实际上,要么选择今天消费,要么选择将来消费。通过修改税法或减少预算赤字,政府能够增加国民储蓄。